CB012967

Laura Oliveira

VOANDO ALTO
COMO TIRAR CHAMPANHE DE PEDREGULHO

 **PERFIL**

LEVVO

VOANDO ALTO
COMO TIRAR CHAMPANHE DE PEDREGULHO

AUTORA
LAURA OLIVEIRA

PROJETO EDITORIAL
ENTREASPAS PRODUÇÃO DE CONTEÚDO

PROJETO GRÁFICO, CAPA
E DIREÇÃO DE ARTE
CRISTIANE MONTEIRO

DIAGRAMAÇÃO
BIAH SCHMIDT

REVISÃO
ANTONIO MELLO
JUSSARA LOPES

Dados Internacionais de Catalogação na Publicação (CIP)
(Câmara Brasileira do Livro, SP, Brasil)

```
Oliveira, Laura
    Voando alto : como tirar champanhe de pedregulho /
Laura Oliveira. -- São Paulo, SP : Perfil Brasil
Comunicações, 2023.

    Bibliografia.
    ISBN 978-65-80901-29-6

    1. Administradores - Biografia 2. Histórias de
vida 3. Sucesso em negócios I. Título.
```

23-169100   CDD-658.0092

Índices para catálogo sistemático:

1. Administradores : Biografia   658.0092

Tábata Alves da Silva - Bibliotecária - CRB-8/9253

SUMÁRIO

APRESENTAÇÃO

Uma garota sonhadora, que assistia às novelas e se inspirava no poderoso, no dono de empresa da trama. Uma jovem de espírito inquieto, que sempre desejou construir o próprio negócio, em que reinasse um ambiente amistoso e feliz, no qual todos pudessem crescer e se sentir orgulhosos de si mesmos pelas próprias conquistas, sem injustiças. Parece utópico?! Mas sonhos são sonhos.

Um ser humano sem sonhos penso ser um indivíduo morto, pois não tem combustível para continuar caminhando e vivendo com energia e alegria. Pensando dessa forma, sempre busquei minhas conquistas baseada no meu trabalho e na minha realidade, com muita força e fé, para trilhar um caminho e fazer acontecer.

Por que escrever um livro ainda tão jovem e com tantas coisas a serem vivenciadas?

Bem, este projeto nasceu a partir de pedidos de pessoas próximas, de colaboradores, de parentes de colaboradores e de estudantes que assistiram às palestras que fiz em empresas, entidades e universidades. Foram conversas sobre empreendedorismo, sobre como ter resiliência e, principalmente, disciplina para não desistir nas dificuldades – que são muitas – e seguir em frente. Em 2023 celebramos 25 anos de empresa. Mesmo tendo muito a aprender e conhecer nessa vida, que é uma caixinha de surpresas na qual nunca saberemos quanto tempo temos e o que está por vir. Assim, no fim das palestras, muitos me perguntavam: Você já escreveu um livro? Onde posso ler a respeito de você? Qual a sua rede social? Pode me passar seu LinkedIn?

Com essas perguntas, e percebendo que poderia impactar a vida das pessoas naqueles momentos, vi ali uma forma de inspirar empreendedores e tentar mostrar, com a minha trajetória, que é possível. Aos 50 anos, me sinto cheia de energia e sempre tenho novas ideias, buscando melhorias e cuidando da saúde física e mental. E fazendo acontecer um equilíbrio entre vida pessoal, profissional e espiritual.

Escrevo esta apresentação em primeira pessoa. Faço essa explicação agora porque daqui para frente você vai encontrar uma narrativa em terceira pessoa. E por que isso? Porque para escrever este livro – uma mescla de biografia, trajetória empresarial, ensinamentos e opiniões pessoais sobre o mundo dos negócios e das corporações – precisei fazer um exercício que nem todos conseguem: deixar o próprio corpo, como quem sobe às alturas para poder olhar a floresta e não apenas a árvore.

Nesse momento convido você, leitor, leitora, a conhecer um pouco mais do meu legado e da Levvo, contados nos capítulos deste livro. Espero que, de alguma forma, possa ser interessante e impactante para sua vida.

Laura Oliveira

PREFÁCIO

O que mais me chamou atenção quando encontrei Laura Oliveira pela primeira vez foi a intensidade como defendia suas ideias. Quando me convidou para escrever o prefácio deste livro, confesso que pensei: será que Laura conseguirá transformar em palavras toda sua energia?

Já nos primeiros capítulos percebi que sim. Como se estivesse ao redor da mesa, jogando conversa fora enquanto toma um café, Laura vai contando – em terceira pessoa, como se falasse de um personagem – a própria trajetória. Revela as dificuldades, as vitórias, os medos e os desafios em detalhes. Entre uma história e outra, prova que para viver intensamente é preciso acreditar nas oportunidades, buscar sempre o melhor, mesmo sabendo que os resultados nem sempre serão os esperados. Em muitas passagens relatadas pela empreendedora, nos damos conta de que o maior aprendizado para quem deseja alcançar o sucesso está na força da resiliência, na manutenção do foco, mesmo que a vontade seja de desistir. Motivos para esmorecer não faltaram, mas Laura revelou-se desde muito cedo uma mulher de fibra.

O livro não se apresenta como um manual de empreendedorismo ou de como ser bem-sucedido como franqueado da maior rede de *fast-food* do mundo. *Voando Alto* é, sim, o retrato, na prática, dos desafios e ousadias de uma empreendedora para atingir metas e virar referência de boa performance em um setor extremamente competitivo.

Ao longo da obra, Laura compartilha vários sonhos. O maior deles, talvez, o de impactar de maneira positiva a sociedade por meio do empreendedorismo – geração de emprego, formação profissional para mulheres em situação de vulnerabilidade – e preservação do meio ambiente. Muitos que acompanharam o dia a dia da empreendedora cuiabana, como eu, não duvidavam de que ela alcançaria cada um deles. Ao mesmo tempo sonhadora e realista, embora pareça contraditório, Laura comprova que a cada etapa da vida os sonhos vão ganhando novas proporções, exigindo cada vez mais força, determinação e energia para realizá-los.

Costumo dizer nas conversas com franqueados e futuros empreendedores que, independentemente de qual seja o objetivo, é preciso ter em mente que a sua concretização impactará o entorno. Ter consciência de que muitas vezes será preciso voltar atrás para conseguir ir adiante no futuro. Empreender é uma tarefa árdua. Laura sabe o que isso significa. Passo a passo foi ampliando seus limites, abriu novos restaurantes, em alguns momentos fechou outros, construiu um grupo sólido, até chegar à criação do Levvo Instituto, que tem no Jeans do Bem um dos seus principais pilares.

Voando Alto reforça que sonhar e colocar a mão na massa faz toda a diferença. Laura prova que não adianta sonhar à noite e não realizar durante o dia. Assim como não adianta gastar energias na realização sem sonhar. As duas atitudes são complementares: o sonho é o combustível para que as ideias se tornem realidade e o fazer alimenta o sonho.

Ao terminar a leitura das mais de 200 páginas, permeadas de emoção e energia, estou certo de que Laura, aos 50 anos, ainda conserva a mesma força e determinação da juventude. *Voando Alto* é uma inspiração não só para as mulheres, mas para todos que sonham empreender.
Aproveite!

Dorival Oliveira Júnior

PARTE I A MENINA MULHER

PARTE I A MENINA MULHER

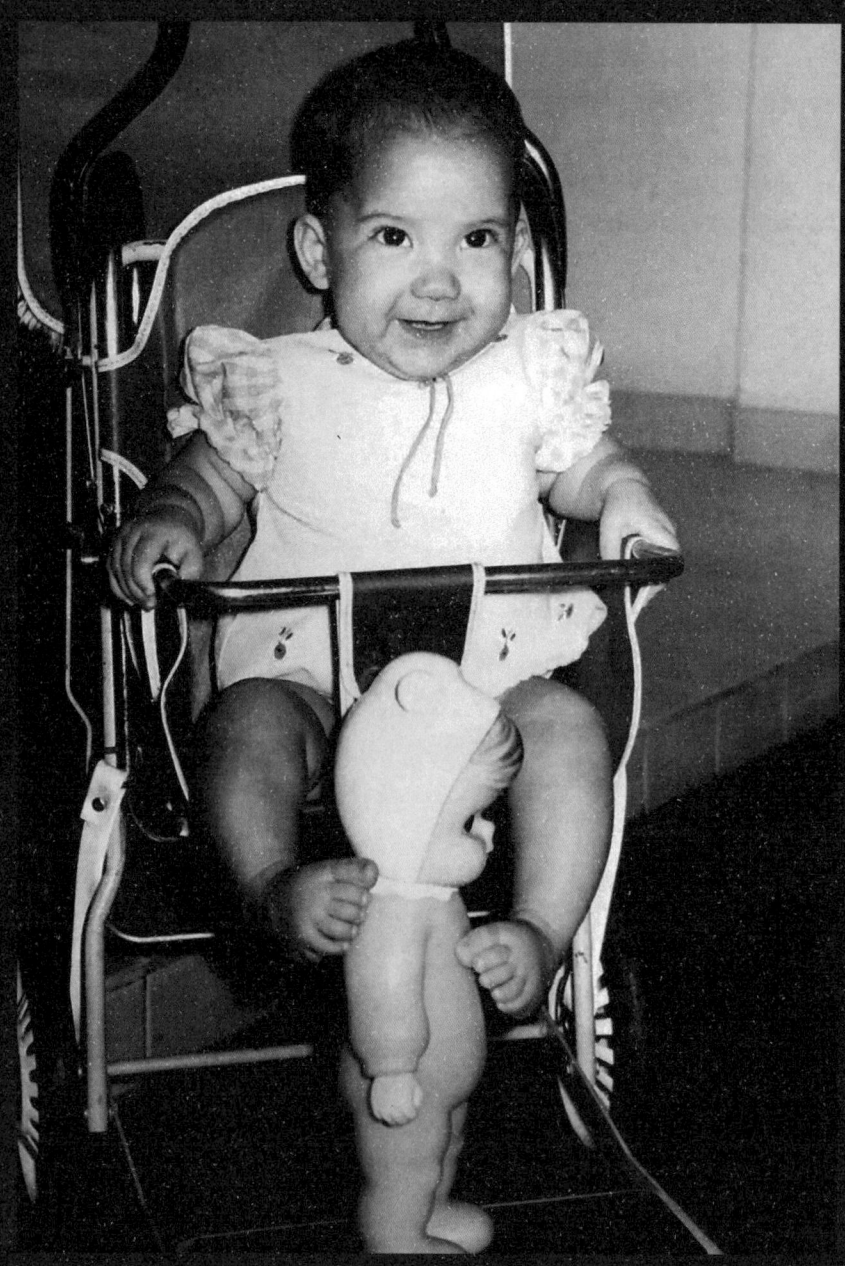

Laura aos 9 meses de idade,
em dezembro de 1973.

1. ÓRFÃ NO VENTRE

U ma notinha perdida nas páginas internas da edição dominical do jornal *O Estado do Mato Grosso* abalou a sociedade cuiabana, principalmente os meios jurídicos, naquele 17 de dezembro de 1972. A notícia de poucas linhas informava a trágica morte, no dia anterior, do advogado Bernardo de Oliveira Neto:

ACIDENTE
Trágico acidente tirou a vida do jovem advogado João Bernardo
de Oliveira[1], ontem pela manhã, nas águas do rio Cuiabá. O
doloroso acontecimento veio consternar profundamente o grande
número de amigos das famílias Aires e Oliveira. O sepultamento
do advogado João Bernardo de Oliveira foi realizado no mesmo
dia de ontem, às 18 horas, no cemitério da Piedade.

Bernardo Antonio de Oliveira Neto nasceu em 28 de junho de 1943 e era o primogênito do casal Maria Benedita e Sebastião de Oliveira, o doutor Paraná, como era conhecido na capital mato-grossense.

---

[1] O jornal erra o nome de Bernardo e o sobrenome da família Ayres.

Bernardo amava os esportes náuticos. Investia seu tempo de lazer na prática e não hesitava em gastar parte dos honorários ganhos como advogado atuante de Cuiabá nesse *hobby*. O mesmo *O Estado do Mato Grosso* exaltava sete anos antes, também numa notinha, a paixão do advogado:

> *Bernardo de Oliveira estará praticando nesses dias o seu esporte favorito: esqui aquático. Para isso fez vir um barco a motor possante, que o levará a incrível velocidade.*

O infausto acontecimento deixou marcas profundas na família e amigos. Bernardo tinha apenas 29 anos. Estava casado havia dois anos e dois meses quando aconteceu o acidente com a lancha em que ele, o irmão Armando Martins de Oliveira e um primo de segundo grau, César Ferraz, estavam no rio Cuiabá. A pescaria havia sido combinada durante a semana. No sábado, Bernardo acordou cedinho e como sempre fazia brincou com a filha Mônica, então com um ano e meio, se despediu da esposa Myrian e fez-lhe um afago no ventre em que ela trazia um bebê no quarto mês de gestação. Saiu, encontrou o irmão e o primo e foram para o rio.

Às 7 horas da manhã os três já estavam a bordo da lancha preparando as tralhas para a pescaria. Eles navegavam em direção a um local de muitos peixes pela margem quando um tronco de árvore prendeu a hélice. Bernardo deixou o leme e foi até a popa para levantar o motor e destravar as pás. Nesse movimento, o galho se desprendeu sozinho e, como o motor estava ligado e em alta rotação, fez a lancha dar um rodopio violento.

O grupo estava em meio a um saranzal[2]. Ao se levantar, Bernardo foi lançado violentamente contra o tronco de um sarã que pendia sobre o rio. Ele caiu desfalecido. Os amigos o socorreram em um pequeno barco, levando-o ao Pronto-Socorro Municipal. Eneida Maria de Oliveira,

---

[2] Plantação de sarãs (*Sapium obovatum*), árvore da mata ciliar dos rios pantaneiros, cuja copa densa atinge até 7 metros. Os galhos se debruçam sobre a água servindo como suporte e retenção de plantas aquáticas flutuantes. Ao cair na água, o fruto serve de alimento aos peixes, por isso a alta piscosidade nessas áreas.

irmã mais nova de Bernardo e caçula do casal Maria Benedita e doutor Paraná, foi quem recebeu o telefonema do PS. Ela era uma adolescente e estremeceu quando, do outro lado da linha, uma voz informou sobre o acidente.

— Quando foi 8 horas da manhã, mais ou menos, eu atendi a ligação. Ainda o trouxeram correndo, não faltou assistência. Não teve jeito. Na verdade, a pancada pegou a nuca e ele já caiu desacordado. Meu irmão estava em pleno vigor da vida – lamenta-se Eneida.

Dona Maria lembra da conversa que teve com o filho antes que ele saísse para a pescaria:

— Eu falei: "Bernardo, por que você pega esses barcos potentes? É muito perigoso". Ele me respondeu: "Mamãe, eu entendo muito bem de barcos". Saiu daqui com o irmão, pegou o primo e uma hora depois tudo aconteceu. Foi a morte mais esquisita que já vi. Muito triste. O mais duro foi quando trouxeram a Mônica, que já estava andando, para ficar junto comigo.

Myrian Ayres de Oliveira ficou viúva um mês antes de completar 23 anos. Mato-grossense de Torixoréu, passou parte da infância morando com os avós em Rio Verde (GO), para onde foi com os irmãos para estudar. Só voltou para casa já com os pais morando em Cuiabá, adolescente. Myrian conheceu o futuro marido quando tinha 19 anos e trabalhava no Banco de Minas Gerais, atual BMG. Bernardo era cliente da agência e a presença diária daquele homem elegante e bem-apessoado chamou a atenção da jovem.

— Um dia perguntei para o gerente quem era aquele moço. Ele falou é o doutor Bernardo de Oliveira, filho do doutor Paraná, família tradicional de Cuiabá. Na hora eu lembrei de quem estávamos falando, pois eu era colega de classe da irmã dele, a Lúcia. Então pedi para o gerente que quando o Bernardo viesse falar com ele que me avisasse para nos conhecermos. O gerente fez isso, me apresentou e o Bernardo me surpreendeu: "Já te vi na porta do seu colégio". Me chamou para conversar e nós começamos a sair – conta Myrian.

O casamento não demorou muito. Dois meses depois, os colunistas sociais da capital já anunciavam a união para aquele mesmo ano:

Mirian Ayres muito dengosa fazendo notícia de seu noivado com o bonecão Bernardo de Oliveira, que está prometendo em junho ao pé do altar. À Mirian e Bernardo os votos de felicidades.

(Coluna de José Jacyntho – O *Estado do Mato Grosso de* 21 de fevereiro de 1970.)

A cerimônia foi realizada no dia 16 de outubro de 1970 na Catedral Metropolitana de Cuiabá. O matrimônio aproximou duas tradicionais famílias do estado. Os Ayres eram oriundos da região Sudeste, praticamente na divisa com Goiás, a quase 600 quilômetros de distância de Cuiabá. Myrian era a terceira dos quatro filhos do casal Antônio Moreira Ayres e Dinorah Morais Ayres. Antônio Ayres teve muito dinheiro e terras, mas perdeu tudo, como era comum na época. Os altos e baixos levaram à separação do casal.

Dinorah era uma dona de casa comprometida com a família e os filhos. Edward era administrador e desde que se divorciara a mãe o acompanhava nas reuniões da igreja, onde buscava conforto e apoio para seus problemas. O caçula Antônio, chamado pelo apelido carinhoso de Toinzinho, era desembaraçado e cheio de iniciativa. Adorava fazer negócios, que nem sempre davam certo. Mas ele insistia e vira e mexe a mãe o advertia. Única mulher entre os meninos, Myrian cresceu em meio aos mimos do tio Filó, irmão de Dinorah. Ele era capaz de mandar o seu avião particular ao Rio de Janeiro buscar a boneca da moda para a sobrinha. Marden, o irmão mais velho de Myrian, tinha garimpo de diamantes na região de Alto Paraguai e assim criou a família. Ele foi infectado pelo vírus da dengue, doença endêmica no Mato Grosso, e após algum tempo internado morreu em decorrência de complicações da forma mais grave da enfermidade, a hemorrágica.

A felicidade de Myrian e Bernardo se completou dez meses depois com a chegada da primeira filha, Mônica, em 1971. Myrian engravidou novamente em setembro do ano seguinte. Bernardo, apesar da pouca idade, era um advogado conceituado na capital mato-grossense. Por sua banca de advocacia passavam processos importantes e as causas ganhas fizeram dele um homem rico muito cedo. Além disso, o espírito empreendedor no mercado imobiliário alavancava ainda mais essa condição financeira.

O doutor Bernardo sabia curtir a vida, mas também sabia ser generoso. Era conhecido pela benemerência, prática que exercia todos os dias, distribuindo caridade, ajudando pessoas. Nunca se esquecia de levar no porta-malas do carro cestas básicas para serem entregues às famílias mais necessitadas nas frequentes visitas que fazia à periferia. Ali também se lançava em ações mais desafiadoras, como auxiliar quem vivia em barracos a construir uma habitação digna. Apesar da temperatura média de Cuiabá situar-se nos 37°C, o inverno é rigoroso e Bernardo comprava cobertores às dezenas para repartir entre aqueles que tinham frio.

O bebê que Myrian trazia no ventre nasceu no dia 7 de abril de 1973. O parto cesárea foi realizado no Hospital Geral de Cuiabá. Era o final feliz de uma gravidez tumultuada por conta do falecimento prematuro do marido. Eneida conta que a família estava unida no entorno da nova vida que viria dar alento a todos:

— Quando a Laura nasceu, a família inteira foi para o hospital. Era tanta gente que nunca esquecerei desse momento. E todo mundo ainda comovido, porque tinha quatro meses da tragédia. Foi uma comoção muito grande. Todos queriam ver a bebê. Ela era uma menina linda.

Um dos mais ansiosos era o doutor Paraná. O patriarca dos Oliveira não arredou pé do hospital. Ficou ao lado da nora até que a menina nascesse. Myrian conta que veio dele a sugestão do nome:

— Eu tinha escolhido três opções de nomes de mulher e apenas um masculino. Naquela época, não sabíamos antes do parto se seria menino ou menina. O doutor Paraná chegou para mim e disse: "Se for mulher, põe Laura porque é muito bonito". Concordei. Vou registrá-la como Laura, prometi a ele.

A menina gorduchinha foi batizada Laura Ayres de Oliveira e já veio ao mundo órfã de pai. Mas o nascimento significou o ressurgimento da vida no seio da família, como uma compensação divina àquela morte trágica.

— Para nós foi um carrossel de emoções porque foi como se o meu irmão estivesse renascendo. Era um pedaço dele, mas era um desalento muito grande ele não estar presente. Era um misto de alegria e de tristeza. Alegria pela vida que veio, tristeza porque ele tinha partido – diz Eneida.

Desde a morte de Bernardo, o casal de amigos Jussara e Luís Viegas se oferecera para morar uma temporada com Myrian e Mônica no amplo imóvel da família, no primeiro edifício residencial construído na capital, o Maria Joaquina. A ideia é que eles ajudassem nas coisas do dia a dia até a chegada da bebê. O apartamento luxuoso e bem decorado, que contava com uma equipe de apoio de quatro pessoas, acolhia todos com conforto. Eneida, por ter mais disponibilidade, visitava a cunhada e as sobrinhas com assiduidade. O doutor Paraná e o filho Dante Martins de Oliveira também estavam sempre presentes.

— Embora a Laurinha não tenha conhecido o pai, ela sempre foi muito apegada às lembranças deixadas por ele e à nossa família. O meu pai e o meu irmão estavam sempre com elas, todos nós dispensávamos aquele trato especial, aquela atenção, porque elas eram um pedaço nosso que foi embora – conta Eneida.

Laura foi um bebê que arrancava elogios das tias pela beleza. A mãe, quando a olhava, se derretia:

— Tudo aquilo foi muito difícil porque eu era muito jovem. Novinha e com dois filhos. Mas a Laura era um bebê lindo. Tinha uma bochechinha, os olhinhos... Era a coisa mais fofa, eu falava assim: nunca vi um bebê tão bonito! Geralmente bebês parecem joelhos. E ela não. Era linda, linda, linda.

Luís Viegas, o famoso doutor Barão, era um conceituado cirurgião-plástico na capital. Ele e a esposa Jussara tiveram papel fundamental durante o luto fechado. Antes de Laura nascer, o doutor Barão dizia aos quatro cantos, para quem quisesse ouvir: "Eu quero ser o padrinho dessa criança. Seja homem ou mulher".

---

[3] Localizado na Praça Alencastro, no centro, o edifício tem 15 andares e duas torres: uma com apartamentos maiores e mais luxuosos e outra com unidades mais simples. Por ser pioneiro, o prédio virou referência para a engenharia ao propor um novo padrão construtivo no estado. O belo e inovador projeto arquitetônico e o simbolismo de um momento de progresso da capital conferem ao edifício um valor histórico incontestável.

O desejo do amigo da família foi atendido. O doutor Barão e a irmã de Bernardo, Yolanda, batizaram a menina numa celebração com a presença dos familiares e de todos os amigos de Bernardo, no Santuário Nossa Senhora Auxiliadora. Os padrinhos da menina continuaram presentes na vida da família e dela, de forma tão intensa que os laços de amizade e afeto da afilhada para com eles nunca se perderam. A pequena Laura também desenvolveu uma forte ligação com os avós paternos. Ela, a mãe e a irmã viviam na casa de dona Maria Benedita e do doutor Paraná. Do lado materno, não era diferente. Myrian havia levado o pai, Antônio Ayres, separado de dona Dinorah, para morar com ela. A convivência diária era combustível que alimentava o amor de Laura por ele.

— Ela era muito apegada aos avós paternos. E muito ligada, mesmo, ao meu pai. A paixão dela era meu pai, o Vô Antônio dela, ela só vivia com ele – conta Myrian.

A viuvez não durou muito tempo. Myrian conheceu um rapaz que era vereador em Tupi Paulista. Ele tinha um apelido engraçado: todos o chamavam de "EA" na pequena cidade de 15 mil habitantes no interior de São Paulo. José Ademir passava uma temporada com os pais em Cuiabá e se interessou pela mulher que observou passar de carro – dirigindo na contramão – pela rua Comandante Costa.

— Contramão, contramão! – gritou o rapaz.

De dentro do carro, Myrian devolveu com alguns palavrões. Ela morava na mesma rua dos sogros. A Comandante Costa tinha sentido único e para evitar dar voltas para ir à casa do doutor Paraná, com as duas filhas, preferia andar um ou dois quarteirões na contramão. Até que um dia, quando estava sozinha no carro, o rapaz tomou a iniciativa de pedir para que parasse o veículo e se aproximou:

— Vamos sair – disse.

— Não. Eu não posso – respondeu Myrian.

— Mas por quê?

— Já disse que não posso. Tenho um compromisso.

— Mas eu poderia ir à sua casa amanhã? – insistiu o rapaz.

— Pode – concordou Myrian.

No dia seguinte, Myrian tratou de orientar o pai para não permitir que as crianças aparecessem na sala enquanto o rapaz estivesse por lá.

— Pai, segura as crianças no quarto. Vou receber um rapaz aqui em casa – pediu Myrian.

Tudo ia bem até que, de repente, surge na sala uma criancinha, que mal se equilibrava, balbuciando umas palavras: "Mamã, mamã, mamã". Era a pequena Laura, que estava aprendendo a andar e a falar. José Ademir se assustou:

— Quem é?

— É a minha filha.

— Cadê o marido? – perguntou José Ademir, já se levantando.

— Ele morreu.

José Ademir sentou-se novamente. Os dois se encontraram nos três dias seguintes. Quando chegou o fim de semana, o rapaz avisou Myrian que iria para Tupi Paulista, pois tinha de participar da sessão da Câmara Municipal na segunda-feira à noite. A resposta foi um ultimato:

— Ah, então você tem de ir? Ou você vai e não volta mais ou então fica aqui de uma vez.

— Então vamos nos casar. Eu vou para Tupi Paulista resolver as coisas por lá e você vai providenciando os documentos para o casamento – propôs.

José Ademir seguiu para o interior de São Paulo – a quase 1.100 quilômetros de distância – enquanto dona Maria ia atrás dos papéis. José Ademir renunciou ao cargo de vereador e quando voltou, uma semana depois, estava tudo pronto para o casamento civil.

— Eu me encontrei com ele um dia, dois, três, quatro. Mas namoramos 11 dias. Nos casamos e deu certo. Vivemos 27 anos juntos – conta Myrian.

Desde que ficara viúva, Myrian repetia para si mesma que se casaria novamente o mais rápido possível.

— Eu tinha essa certeza comigo. Se eu não me casasse logo, não iria me casar mais. Ficaria sozinha para o resto da vida.

Técnico em Contabilidade, José Ademir Rafael não demorou a conseguir uma colocação em Cuiabá. Laura tinha completado dois anos quando a mãe engravidou novamente. A terceira filha, Maria Ayres, nasceu em 1975. Myrian engravidou logo em seguida e teve seu primeiro filho homem no ano de 1976. Ele recebeu o nome do pai, José Ademir Rafael Junior.

— Assim que eu me casei novamente, já fiquei grávida da Maria. Um ano depois eu tive o Mil, que é o meu único filho homem. A diferença de idade entre eles é bem pequena. Da Mônica para a Laura é dois anos. Da Laura para a Maria é um ano e pouco e da Maria para o Mil é também de um ano e pouco. O José Ademir tem esse apelido porque quando ele era pequenininho a gente perguntava "qual o seu nome?". E ele respondia: "Mil". Era a coisa mais linda do mundo – conta Myrian.

A família tinha uma vida confortável, garantida pelo patrimônio deixado por Bernardo. Pouco antes de morrer, ele estava à frente de um empreendimento numa região valorizada da capital, que rendeu de herança à mulher e às filhas cerca de 40 terrenos. Os imóveis eram administrados por Myrian, que trabalhava numa imobiliária no centro da cidade. Em razão de várias situações, alguns bens foram vendidos. Myrian era uma mulher bela e atraente. Gostava de se vestir bem, usava muitas joias. Chamava a atenção de todos onde estivesse.

— Ela era chique e andava sempre arrumada, a ponto de fritar bife e preparar almoço de salto alto e escova no cabelo. Sempre teve um estilo extravagante e usava um monte de anéis, tinha seu estilo próprio. A minha mãe sempre teve uma personalidade muito forte. Sempre ensinou: "Trabalhem, corram atrás". Ela sempre dizia: "Tenha dignidade, seja honesta, não deixe ninguém se intrometer na sua vida". E alertava: "Cuidado com o que fala, porque as pessoas podem usar isso contra você; tenha cuidado com o que veste, nunca use droga e preserve sua imagem".

Embora tivesse a expertise de lidar com negócios imobiliários, Myrian não conseguiu manter o patrimônio. A vida sem muitas regras a levou à bancarrota. Apesar das atribulações, Laura guarda boas lembranças da primeira infância. Depois que saíram do apartamento do Maria Joaquina, a família foi morar numa casa ampla e confortável no Jardim

Shangri-Lá. Laura e os irmãos se divertiam nas brincadeiras no quintal, fazendo boizinhos com as mangas verdes espetadas com palitos.

— Brincávamos muito. Nossa casa era grande, tinha até uma casinha de boneca superlinda, um quarto cheio de armários com quatro camas. A gente fantasiava que cada uma delas era um andar de prédio. Então, cada um de nós tinha a sua casa, as suas bonecas, as suas coisas. Nós éramos felizes – conta Laura.

Ela e as irmãs cursaram a pré-escola e os dois primeiros anos do fundamental na Escola Pequeno Príncipe. Depois as meninas foram estudar no Colégio Coração de Jesus, um dos mais importantes de Cuiabá. Fundado em 1945, ocupa um quarteirão inteiro em área nobre. O colégio ficava perto da casa dos avós paternos. Laura se recorda desses tempos como uma das fases mais felizes:

— Considero a minha primeira escola. Adorava as irmãs professoras. Eu sempre fui boa aluna, embora não gostasse de estudar. Sempre fui muito inteligente. A minha irmã ficava quatro, cinco horas em cima de um livro. Eu confesso que nunca fiz isso. Às vezes passava por dificuldades nas provas, mas quem nunca colou na vida?

Laura tinha uma relação difícil com a mãe. Não aceitava as punições e os castigos. Mas reconhece que, embora Myrian fosse uma mãe severa, era, do jeito dela, uma mãe cuidadosa. Os avós paternos mantinham também uma relação difícil com a nora. Brigavam por causa do estilo de vida que Myrian levava. Mas Laura diz que, mesmo com esse temperamento, deve à mãe a mulher que se tornou:

— Digo isso porque ela tinha senso de justiça. Vivia me falando: "Faz o que eu falo, não o que eu faço", "Da minha vida cuido eu", "A vida de vocês pode ser melhor do que a minha". É aquele negócio: trabalhem, estudem, não sejam vagabundos. Na verdade, acho que crescemos convivendo com a revolta da minha mãe pela morte do meu pai. Foi um período difícil para ela: primeiro, perdeu o marido, depois o irmão e o pai. No fundo, queria que os filhos alcançassem a felicidade e fossem bem-sucedidos.

Quando a situação econômica apertou, a família se mudou para um sobrado no bairro Santa Rosa. A casa era menor, mas a qualidade de vida na região compensava a troca por uma habitação mais simples. Além disso, ficava perto dos padrinhos de Laura.

— Nessa época, o meu tio levava a gente para a escola de manhã. Minha mãe trabalhava até tarde e às vezes não conseguia acordar para nos levar para o colégio. A Maria, uma pessoa que nos apoiou por muitos anos, ligava para o tio Ulisses, que era o marido da minha madrinha, para ele levar a gente – recorda Laura.

A família, no entanto, não permaneceu por muito tempo em Cuiabá. Com as economias exaurindo dia a dia, as dificuldades se agravaram. Quando percebeu a situação, Marden procurou José Ademir e sugeriu que a família da irmã se mudasse para a região de Diamantino e fosse trabalhar diretamente no garimpo de diamantes. José Ademir ouviu o cunhado, mas optou por algo mais ao seu perfil: iria abrir um negócio para atender os garimpeiros.

A mudança aconteceu em 1983. A família foi para o município de Diamantino, a 200 quilômetros de distância de Cuiabá. De olho nas necessidades dos fazendeiros e, principalmente, dos garimpeiros que faziam a lavra nos aluviões diamantíferos da região, José Ademir instalou na cidade um atacadão – um misto de supermercado e atacadista. O Atacadão do Norte vendia ferramentas usadas no garimpo manual, como enxadas e peneiras. Mas oferecia também produtos de limpeza, alimentação e todo tipo de miudezas.

— Ele decidiu abrir o atacadão porque lá tinha muito negócio de diamante. Vendia de tudo para o pessoal. A loja ficava na BR, em uma região chamada Novo Diamantino. O terreno era enorme. Nós morávamos no alto da serra e atendíamos toda a região – conta Myrian.

A família residia no mesmo terreno do atacadão. Entre a moradia e o comércio havia um canil com duas feras: a Zagaya, uma dobermann preta, e o Cachorrão, um fila-brasileiro. Como o terreno tinha mais de 200 metros de frente, os cães de guarda ficavam presos a cabos de aço que se estendiam de um lado ao outro. Quem passasse por ali tinha a impressão de que os bichos estavam soltos.

— O povo tinha medo. Achavam que estavam livres porque ficavam andando, correndo e latindo para cima e para baixo, acompanhando as pessoas que passavam na frente – conta Laura.

A mudança, claro, não foi bem acolhida pelos quatro filhos do casal. Trocar a capital do estado, os passeios ao shopping, as viagens constantes a São Paulo, a escola particular e as amizades por uma cidade de pouco mais de 15 mil habitantes, perdida no interior de Mato Grosso – onde sequer existiam boas escolas e outras facilidades –, foi uma perda muito grande. Laura define a mudança numa frase:

— Foi um choque de realidade. Quando saímos de Cuiabá eu já estava no Colégio Coração de Jesus. Nós tínhamos as nossas amigas e uma mudanças dessas, radical, quebra você emocionalmente. Você é uma menina, é muito nova, tem suas amiguinhas, e aí teu pai te leva para Diamantino, longe, para morar num lugar afastado?

Apesar da pouca idade, Laura já demonstrava sua personalidade decidida. A bebê linda e sorridente era agora uma pré-adolescente de gênio forte. Myrian gostava de sair, de jogar cartas com os amigos e estava sempre fora. As crianças ficavam sob a supervisão do avô Antônio.

— Eu saía de casa com a Laura no quarto lendo ou estudando. Quando voltava, lá estava a menina, do mesmo jeito, sozinha no quarto com as coisas dela. Não era como as outras crianças que ficam na bagunça. Ela não, sempre na dela, desde pequenininha – conta Myrian.

A solidão encobria, mas não abafava o foco e a determinação da garota. Duas características que, aliás, são alicerces na sua inclinação natural de comandar, na formação de seu espírito de líder.

— Ela que mandava, que falava o que ia fazer e o que não ia. Ficava quieta, só observando. Aí dava as dicas dela, a Laura era terrível, mas ao mesmo tempo muito engraçada – avalia a mãe.

A tia Eneida tem as mesmas impressões:

— Desde pequena ela já era aquela criança que liderava. Não era apagadinha, de ficar num cantinho, não. Ela era uma criança ativa, que já demonstrava para o que veio.

A família vivia no ritmo da riqueza vertida pelas jazidas. Quando um garimpeiro bamburrava[4], o dinheiro era farto em toda a cadeia de

---

[4] Expressão do vocabulário do garimpo artesanal de diamantes. Significa pegar boas pedras, "tirando a sorte grande". A alegria era maior quando a gema "croava de suruca", ou seja, como a peneira era de malha bem grossa, o diamante encontrado só poderia ser de tamanho considerável.

negócios existente no entorno. Mas durante os períodos em que as pedras rareavam, a atividade econômica diminuía. Era uma montanha-russa, conta Laura:

— Foi uma época de abundância porque tinham sido encontradas umas pedras grandes de diamante. Só que ninguém guardava o dinheiro, ninguém investia, todos queriam curtir muito. Depois vinham os meses sem dinheiro nenhum.

Apesar das oscilações, a família vivia bem. Para contrapor o mal-estar da mudança de cidade entre os filhos, José Ademir imaginou um presente capaz de encantar qualquer criança da época: construiu uma pista de mini-buggy no quintal de casa. Máquinas revolveram a terra vermelha, nivelaram o terreno, fizeram retas e curvas, até que o traçado da pista se desenhasse. Quando o protótipo fabricado pela Indústria Fapinha[5] chegou foi uma festa. Era um mini-buggy vermelho e preto, movido a gasolina misturada com óleo para motor dois tempos.

Laura e os irmãos convidavam os amigos para brincar. O carrinho, de tanto que foi exigido, foi destruído pelo fogo iniciado por um descuido. Certo dia, as crianças não fecharam direito a tampa do combustível. Era necessário colocar uma medida de óleo dois tempos para misturar com a gasolina. Na pressa de brincar, o motor esquentou, a gasolina derramou e bummm... Ocorreu o incêndio. Ninguém se machucou.

José Ademir não se deu por vencido. Para alegria das crianças, mandou trazer um novo, azul e branco. Os filhos também eram presenteados com as novidades do Rio de Janeiro e São Paulo. Era também uma forma de compensar o marasmo em que viviam, afinal moravam num lugar afastado, não tinham parentes ou primos para visitar.

— A gente enlouquecia porque não tinha nada para fazer. A Maria adorava as bonecas Barbie, então minha mãe trazia todos os lançamentos de São Paulo para ela. Para mim e pra Mônica eram os bonecos dos

---

[5] Os minicarros eram um sonho para as crianças nos anos 1970. Mas só eram acessíveis nos parques de diversões e em exposições agropecuárias. Pagava-se para dirigir por alguns minutos, geralmente numa pista improvisada. O primeiro carrinho da Fapinha Mini Veículos foi lançado em 1971, com chassi tubular e carroceria aberta de fibra de vidro.

Smurfs. Além disso, a gente vivia brincando com as roupas da minha mãe, se vestindo, colocando bijuterias, se maquiando – conta Laura.

Não faltavam as travessuras, como apertar a campainha das casas no caminho da escola ou tomar leite condensado no atacadão diretamente na lata, escondido de todo mundo. Aos sábados, as meninas iam dançar músicas lentas nos bailinhos de garagem a tarde toda, as conhecidas matinês, tão comuns naquela época. Os grupos de amigos se reuniam na casa de um deles, alguém levava o aparelho de som – geralmente um toca-discos Sonata ou um toca-fitas –, os demais traziam os discos de vinil e as fitas K7 e dançava-se a tarde toda.

— Os bailinhos de garagem eram na casa de um dos meninos. A nossa era muito longe e ninguém ia lá. Então o jeito era aceitar todos os convites. Só fizemos em casa uma vez, no salão – lembra Laura.

Mas a vida em Diamantino não era apenas brincadeiras e travessuras. Dona Myrian escalava as filhas para encerar os cômodos uma vez por semana. A cera vermelha impregnava-se nos dedos e joelhos, para desespero das meninas, que já se preocupavam em ir ao salão fazer as unhas, mas tinham que lidar com as marcas do vermelhão.

— Mamãe botava a gente para encerar o chão e passar enceradeira. Aquela cera vermelha e a gente de joelho. Demorava quatro dias para sair dos dedos, Nossa Senhora! – conta Laura.

As crianças frequentavam a única escola pública que oferecia o ensino fundamental. Quando chegaram à cidade, Mônica estava no último ano e Mil ia ser matriculado no primeiro. Laura foi fazer o quarto ano. Acostumados a frequentar as boas escolas particulares de Cuiabá, a ida para o sistema público foi um desafio para toda a família. Myrian não escondia a preocupação com a formação educacional dos filhos em dois aspectos: a qualidade e a inexistência de escolas onde pudessem dar continuidade aos estudos. Para Laura havia também um outro problema:

— Eu fiz a 4ª e 5ª séries numa dessas escolas públicas clássicas. Nesse período, conversei e convivi com gente muito mais simples do que estava acostumada. Mas, de certa forma, foi ali que a ideia de ajudar as pessoas, de tentar fazer trabalhos legais despertou em mim. Isso me ajudou porque eu via a fome que eles passavam e acendeu algo dentro de mim, que só mais tarde entendi: a importância do trabalho voluntário – lembra Laura.

Na 5ª série, Laura cursou práticas agrícolas. Aprendeu a trabalhar com horta.

— Eu adoro rúcula, alface. Em casa, sou a única que come verduras em quantidade. Até mostarda, tudo. Aprendi a comer carne de soja lá, porque era a base da merenda escolar. Aliás, meu padrasto é que fazia a doação de produtos do atacadão para a merenda – recorda.

As crianças vibravam quando Myrian e José Ademir anunciavam uma viagem a Cuiabá. Fim de semana sim, outro não, a família pegava a estrada para visitar os avós. Todos se enfiavam no carro ou na camionete, ou então se aboletavam na cabine do caminhão que José Ademir havia comprado para transportar as mercadorias do atacadão.

— Viajávamos os seis na boleia. Até hoje me pergunto como a gente cabia. Uns iam dormindo no banco; outros atrás, na cama da boleia; outros no assoalho da cabine. Era um caminhão Z 8 que meu pai usava para ir comprar as coisas para o atacadão – lembra Maria.

Ao fim de dois anos os negócios de José Ademir já não iam tão bem. Mas o que foi fundamental para que ele tomasse a decisão de voltar para Cuiabá foi a pressão da esposa, que defendia com todas suas forças a necessidade de manter todos os filhos estudando. Mônica, por exemplo, concluíra o ensino fundamental e corria o risco de parar os estudos porque não havia escola de ensino médio de boa qualidade em Diamantino.

— Por que Myrian acabou mudando de volta? Eles estavam bem lá, foi uma fase boa para ela, para o padrasto das crianças. Só que as meninas tinham que estudar. E a Myrian achava que lá em Diamantino elas iam ficar muito limitadas. Foi quando eles acabaram vindo – diz Eneida.

A família retornou à capital em 1985. Foram morar em um apartamento no centro e as crianças, com exceção de Mônica, que foi para a Escola Técnica Federal de Mato Grosso, voltaram a estudar no Colégio Coração de Jesus. Com o resto das economias da família, José Ademir montou um estacionamento de carros. Foi com a renda da garagem que ele criou os filhos. Ainda assim, prosseguiam os altos e baixos, deixando tios e avós preocupados com tanta insegurança.

— As crianças vinham de um início de adolescência difícil. Não vou dizer que passaram fome, porque não passaram. Eles tinham a gente para socorrê-los. Mas não foi uma vida tranquila. Porque os pais, no caso o padrasto e a mãe, atravessaram fases de sobe e desce, desce e sobe. Acho que isso fez com que Laura se decidisse a dar um rumo para a própria vida – diz Eneida.

Laura estava com 12 anos quando retornou às suas origens, mas tinha clareza de uma pessoa madura sobre a realidade da família. Percebia que tudo piorava à medida que ela e os irmãos cresciam e sentiam outras carências. Por outro lado, os problemas financeiros e as confusões se acumulavam. Mais tarde, José Ademir ficaria doente, o que agravou ainda mais a situação:

— Meu padrasto nos criou com esse estacionamento. Mas quando ele ficou doente, precisou colocar o meu irmão para tomar conta. Quando ele voltou, depois de três meses de internação, o cenário era outro e ele resolveu fechar o negócio. Já estava cansado. Aí ele foi ser funcionário público na Companhia Elétrica do Estado de Mato Grosso, na época, Cemat. A situação foi piorando, ele corria atrás, tentava fazer as coisas.

Mas havia um alívio: voltar à convivência das irmãs do Colégio Coração de Jesus. Fundada em 1945, a instituição funcionava em regime de internato exclusivo para meninas, mas a partir do fim da década de 1960 esse sistema foi extinto e os ambientes adequados para receber alunos do sexo masculino. Quando Laura voltou, também havia meninos sob a tutela das irmãs salesianas, Filhas de Maria Auxiliadora. Além do ensino formal, as meninas aprendiam afazeres domésticos, desenvolviam habilidades manuais, como corte e costura, crochê e tricô. O colégio era, no imaginário da adolescente, um porto seguro.

— Nessa época, meu tudo era o colégio das irmãs. Minha referência eram as irmãs, porque via nelas um abrigo, um aconchego. Lavávamos a louça, arrumávamos, ajudávamos no preparo da comida naqueles panelões de alumínio em que eram feitas as nossas refeições: carne de frango, arroz com frango, charque ou sarapatel. O que as irmãs queriam? Elas queriam que aprendêssemos a cortar carne, picar legumes, tivéssemos noção de como fazer comida para muita gente, de cuidados comunitários, de cuidados coletivos – explica Laura.

Mais do que os ensinamentos formais que uma escola pode propiciar a um adolescente, Laura estava aprendendo, quase sem perceber, noções de cidadania. Convivendo num ambiente de forte tom solidário, o trabalho abnegado foi entrando por suas veias e tomou conta dela. Laura tinha atributos de beleza inquestionáveis. Era uma jovem alta, pele clara, olhos castanhos, cabelos longos e bem cuidados. Mas ao invés de cultivar valores estéticos, sentia-se bem mesmo era fazendo boas ações.

— Com meus 12, 13 anos, eu pegava um livro e ficava lendo histórias para meninos que tinham a mesma idade e sequer sabiam ler. Íamos ao encontro deles na Praça Alencastro, nas ruas, e os achávamos famintos, às vezes entorpecidos pelo efeito da cola de sapateiro que aspiravam. As irmãs faziam esse tipo de assistência 24 horas, todo o tempo eu estava com elas. Éramos em cinco ou seis voluntárias. Por que eu ia para aquele ambiente? Porque era uma coisa do meu coração, já era algo que estava dentro de mim.

Mas não só o lado solidário despertava na Laura adolescente. A advogada e mestre em Direito Internacional Daniela Marques Echeverria dividiu os bancos do Coração de Jesus com Laura do sexto ano do fundamental até o fim do ensino médio. A amizade atravessou décadas e ela não esquece de como tudo começou. De espírito mais reservado, menos falante do que a colega, Daniela lembra que foram as atividades do dia a dia que as aproximaram, apesar das personalidades diferentes: uma mais falante, mais aberta, mais questionadora, a outra mais quieta, mais reservada, mas ainda assim duas alunas com desempenho acima da média. A amizade que começou na sala de aula se transferiu também para o ambiente familiar.

— Ela ia mais à minha casa do que eu à dela. Minha mãe era controladora, gostava que minhas amigas viessem à nossa casa. Então sempre reuníamos com meu irmão e minha irmã um pouco mais velhos que a gente. Jogávamos pingue-pongue, gostávamos de esportes, como o vôlei – recorda Daniela.

O espírito de liderança que Laura demonstrava juntos aos irmãos e amiguinhos desde a infância se acentuava. Volta e meia, ela aparecia com alguma ideia mirabolante. Numa feira cultural do colégio, lembra Daniela, a amiga organizou uma apresentação de dança inspirada no balé de abertura do *Fantástico*, programa dominical da Rede Globo. Laura criou os figurinos, a coreografia e comandou os ensaios.

— Era uma daquelas aberturas antigas, sem toda a tecnologia que veio depois, em que as bailarinas faziam uma coreografia bem moderna. Eram várias, dançando de *collants*. Pois então, a Laura pediu que usássemos collants brancos com fitas prateadas pendendo das mangas, gola e cintura. Ela fez tudo. Ela sempre foi da iniciativa, do empreender. Ela gostava de "mexer o doce", como dizemos por aqui – afirma Daniela.

No dia a dia das irmãs salesianas, Laura conheceu outra ação protagonizada pelas freiras. Elas viviam falando em "ir ao Cepetra" e aquilo chamou sua atenção. O Cepetra é o Centro do Pequeno Trabalhador, um projeto social que funciona no Asilo Santa Rita. Interessada, Laura passou a acompanhar as freiras e a participar de todas as atividades.

O asilo ficava ao lado da casa de dona Maria. Às terças-feiras, ela saía do colégio, almoçava na casa da avó e de lá ia direto para o Cepetra. Assistiu várias palestras de especialistas e médicos sobre cuidados de saúde e de prevenção a doenças e ao uso de drogas. Adquiriu conhecimentos e se qualificou a participar das ações diretas com os adolescentes nas ruas, seja no preparo de alimentos, seja na atenção à saúde com os meninos, seja nas atividades de cultura.

— Os médicos nos preparavam para isso. Aquelas crianças viviam picadas de insetos, que infeccionavam. Tratávamos as feridas com os remédios indicados pelos médicos. Conversávamos sobre drogas, principalmente sobre os efeitos nefastos que a cola de sapateiro provocava no organismo deles. Contávamos histórias. Eu adorava aquilo – relata Laura.

Os menores atendidos eram, basicamente, pequenos engraxates que perambulavam pelo centro de Cuiabá em busca de trocados para levar para casa ou, em muitos casos, para consumir a droga. É de se perguntar como uma menina de 12 anos convencia outros meninos na mesma faixa etária sobre os caminhos da vida. Na verdade, para as irmãs a presença dela tinha um fundamento. Laura era o exemplo de que eles podiam ter uma outra vida.

— Eu era orientada e assistida pelas irmãs e pelas coordenadoras do projeto. E, além disso, já tinha desenvolvido algumas habilidades que eram úteis, como preparar pizzas, fazer tricô e crochê. As irmãs monitoravam a gente. Foi o meu primeiro trabalho voluntário.

Apesar de ter ajudado tantos menores de rua, Laura diz que nenhum deles a marcou. Ver aqueles meninos e meninas cheirando cola ou já consumindo bebida alcoólica a remetia para um cenário próximo que a deixava preocupada:

— Eu sempre fiquei chateada porque tinha pavor de ver alguém bebendo na frente de crianças. E tudo o que eu não queria era algo parecido para o meu futuro. Eu era uma menina e às vezes pensar nesse tipo de situação me fazia projetar uma expectativa de vida bem diferente daquele cenário. Para isso sempre contei com o apoio dos meus avós. Assim alimentei minha fé em Deus seguindo os passos da minha avó, frequentando a igreja aos domingos e buscando apoio nas minhas orações.

Sem saber, Laura estava pronta para transformar e assumir as rédeas do seu futuro.

CRIANDO FORÇA PARA VOAR ALTO

Tenha sempre um olhar diferenciado e especial para as crianças. Em qualquer situação sempre serão a esperança de uma nação. Devem ser incentivadas com educação, tecnologia e algo bom; protegidas de tudo que não for adequado para a idade e sempre blindadas de violência física e emocional. São o futuro do mundo!

A avó, Maria Benedita Martins
de Oliveira, exemplo de mulher
e inspiração para uma vida.

2. UMA FORMAÇÃO DEMOCRÁTICA

P oucos entre os milhares de passageiros que se aglomeram todos os dias no ponto de ônibus em frente à residência da avenida Isaac Póvoas, defronte à Praça Rachid Jaudy, no centro de Cuiabá, têm a dimensão histórica do lugar. O imóvel de linhas retas e despojadas resistiu intacto ao avanço imobiliário, como a demonstrar a importância da perseverança: a casa é um dos redutos da democracia brasileira. Um lar onde se respirava política 24 horas por dia. É onde mora dona Maria Benedita, a matriarca do clã dos Oliveira.

Do alto dos seus bem vividos 102 anos, a viúva do doutor Paraná pontifica agora entre filhas, genros, netos, bisnetos e uma trineta. Mas houve tempos em que foi anfitriã de políticos importantes, alinhados com ideais democráticos. Governadores, senadores, deputados e prefeitos entravam e saíam como se visitassem um oráculo da política brasileira.

Nada, porém, comparável ao burburinho da virada de 1983 para 1984, quando a casa do doutor Paraná e dona Maria Benedita foi transformada no QG de brasileiros que lutavam para restabelecer a eleição direta para presidente da República e pôr fim à longa noite da ditadura militar. Foi exatamente na praça em frente à casa que os organizadores do primeiro comício pelas Diretas Já na capital mato-grossense estacionaram o caminhão-palanque pelo qual passaram artistas e políticos de renome nacional.

A laje da varanda, onde os netos do doutor Paraná assistiam de camarote aos desfiles de Carnaval, foi usada pelas crianças para, numa noite de dezembro de 1983, acompanhar o comício. O quarteirão da Isaac Póvoas foi tomado por milhares de pessoas. Laura, que não tinha 11 anos completos, se viu envolvida naquela agitação intensa. Acompanhava encantada a correria dos tios e avós recebendo convidados, distribuindo tarefas, dando ordens.

— Na porta de casa é que aconteciam os desfiles de Carnaval. Todas as crianças, os primos, vinham e subiam na laje para ver as escolas de samba. É um ponto central e, por isso, o comício das Diretas foi aqui também. Eles puseram um caminhão quase na porta e a nossa casa funcionava como retaguarda para os políticos que vinham de São Paulo e outros lugares. As meninas eram novinhas. Na área da frente tinha uma entradinha por onde elas subiam para a laje. A Laura era da turminha mais nova, mas estava lá – conta Yolanda.

Laura se lembra de tudo com riqueza de detalhes. Junto com as tias e a avó, reconstitui cada hora. Antes que a tarde caísse e o quarteirão lotasse, políticos e artistas faziam romaria no número 63 da avenida. Era um entra e sai de personalidades, jornalistas e políticos, entre os quais se destacavam Ulisses Guimarães, Franco Montoro, Mário Covas e autoridades locais.

— Toda a estrutura de apoio ao comício ficou na casa da minha avó. A confusão dos camarotes era aqui. Todas as pessoas vinham aqui, tinha fila para usar o banheiro, um tumulto, aquele falatório. E a gente servindo água, café, essas coisas. A casa sempre foi aberta, então todo mundo entrava. Se você não trancasse a porta do banheiro, tinha outra pessoa que você nem conhecia entrando junto. Eu lembro exatamente que foi naquela noite que o tio Armando ficou ruim do ouvido. Nós estávamos na laje e ele preparou os fogos. Quando acendeu, um estourou muito perto do seu ouvido, machucando – conta Laura.

Além da localização privilegiada, a escolha da casa do doutor Paraná como QG das Diretas tinha outra razão: Dante de Oliveira. O caçula dos meninos do doutor Paraná foi o autor da emenda constitucional proponto eleição direta para presidente da República e, por isso, ele estava no centro das atenções. O Memorial da Democracia – um museu virtual da história brasileira – registrou a mudança de status do político cuiabano:

Dante de Oliveira, que no início de 1983 precisava se esforçar para ser ouvido por jornalistas e políticos quando falava de sua emenda propondo a volta das eleições diretas, tornou-se em pouco tempo uma personalidade nacional. Discursou em quase todos os comícios, vestindo sua camiseta das Diretas, sendo sempre muito aplaudido.

Apesar de meteórica, a carreira política de Dante de Oliveira assentava-se sobre tradições familiares. Seu pai fora político influente. Nascido em 20 de março de 1915, em Santo Antônio do Rio Abaixo, atual Santo Antônio do Leverger, Sebastião de Oliveira fez os estudos normais na capital e formou-se advogado pela Universidade do Brasil, no Rio de Janeiro, em 1937. Cinco anos depois, casou-se com Maria Benedita Martins de Oliveira. Da união, que durou 62 anos, nasceram sete filhos: Bernardo Antônio, Yolanda, Armando, Lúcia, Dante, Inês e Eneida.

Construiu uma bem-sucedida carreira de advogado, cuja fama ultrapassou as divisas de Mato Grosso. Também foi jornalista e militante da União Democrática Nacional (UDN), legenda sob a qual foi eleito deputado estadual, tendo participado da elaboração da constituição mato-grossense de 1947. Antes disso, o doutor Paraná teve uma curta experiência de nove meses como prefeito nomeado de Santo Antônio do Leverger, em 1942. Dez anos depois foi indicado para o Tribunal de Contas do Estado, cargo que exerceu até se aposentar, em 1969. O doutor Paraná nunca deixou a advocacia.

O apelido Paraná surgiu na vida de Sebastião de Oliveira quando ele ainda era menino. Havia na cidade um militar com fama de bravo chamado Clementino Paraná. Como Sebastião também se enfezava com facilidade, os familiares passaram a chamá-lo pelo apelido de Paraná.

— Meu avô tem o apelido de Paraná porque ele era muito bravo. Ele brigava com todo mundo. E o apelido nasceu desse comandante de um destacamento do exército no Mato Grosso – explica Laura.

O doutor veio com a formação em Direito. Dante de Oliveira dizia que, como o pai, tinha duas paixões na vida: o Direito e a política. Apesar disso, o doutor Paraná tentou de todas as formas demover Dante de Oliveira de disputar cargos eletivos. Ele queria que o filho primeiro trabalhasse e consolidasse sua situação financeira para depois entrar na política. "Mas, como todos os Oliveira da minha família, a começar do meu pai, eu sou cabeça-dura e não desisti", declarou Dante de Oliveira certa vez.

A despeito de ter sido contra a entrada de Dante na política, o doutor Paraná nunca deixou de apoiar o filho. No velório do pai, em 15 de agosto de 2004, Dante fez uma revelação pública de um fato que somente os familiares e amigos mais próximos conheciam: foi o pai quem o ajudou a estruturar e escrever a proposta de emenda constitucional das Diretas:

— A ideia de propor a emenda foi do tio Dante, mas quem redigiu foi o meu avô, que além de advogado tinha muita experiência política – relata Laura.

Antero Paes de Barros Neto, jornalista e ex-vereador de Cuiabá, era muito amigo de Dante de Oliveira e confirma a história. Antero se aproximou de Dante quando ele se candidatou pela primeira vez a um cargo político. Tentou se eleger, sem sucesso, a vereador da capital:

— Quando o Dante voltou do Rio de Janeiro ele perdeu a primeira eleição para vereador. Como jornalista, eu fazia cobertura da Assembleia e me aproximei dele. Ele me convidou para participar das reuniões do Movimento Revolucionário 8 de Outubro. Participei até 82 e saí, abrindo uma divergência bem antes da saída do Dante do MR-8.

Na época das Diretas, quando Dante já era deputado federal, a amizade estava consolidada e Antero acompanhou todos os bastidores:

— O MR-8 se abrigava sob o guarda-chuva do MDB. Isso não quer dizer que a emenda das Diretas surgiu do MR-8. Nasceu da cabeça do Dante de Oliveira. Mas a análise de conjuntura política nacional do MR-8 dizia o seguinte: "Se nós da oposição elegermos 12 governadores, vamos aprovar eleições diretas para presidente da República". Quem lembra sabe que a oposição elegeu nove governadores e que faltaram 20 e poucos votos para a aprovação da emenda Dante de Oliveira. Ou seja, essa análise de conjuntura estava muito próxima da realidade. Se tivéssemos elegido 12 governadores, conseguiríamos aprovar as Diretas.

Antero também estava no comício em frente à casa do doutor Paraná:

— A gente montou o palanque na esquina. De um lado ao outro da quadra estava lotado de gente. Nós mantínhamos a trafegabilidade por trás do palanque, pela rua Comandante Costa, e na de baixo, a Barão de Melgaço. E esse espaço entre as duas ruas, onde ficava a casa do doutor Paraná, lotava. A casa foi um apoio para tomarmos um lanche, suco etc. Ficava todo mundo lá. Vieram artistas de novelas da Globo e o Martinho da Vila. Ele cantou uma música que falava "eu vim aqui para apoiar". Ele introduziu esse verso numa das letras. Me lembro que veio o João Cunha, deputado federal por São Paulo, o João Hermann Neto, também deputado federal por São Paulo, e o Domingos Leonelli, deputado federal pela Bahia.

Dante Martins de Oliveira nasceu em Cuiabá, no dia 6 de fevereiro de 1952. O quinto filho do doutor Paraná e de dona Maria Benedita fez os estudos primário e secundário na capital, mas quando chegou o momento de optar por uma carreira foi para o Rio de Janeiro, aprovado em 1970 no vestibular para o curso de Engenharia Civil da Universidade Federal do Rio de Janeiro.

— Dante foi estudar no Rio porque em Cuiabá nós tínhamos a universidade federal, mas não tinha todos os cursos. Então era normal os filhos de cuiabanos irem estudar fora. Depois que veio esse monte de universidade particular. Ele pegou fogo lá – conta Eneida.

Dante dividia o tempo entre aulas e reuniões das tendências do movimento estudantil. Era uma atividade perigosa porque as organizações estavam proscritas pelo regime militar desde a decretação do Ato Institucional nº 5, em dezembro de 1968. Dante juntou-se ao clandestino MR-8. Quando se formou, em 1976, voltou imediatamente para Cuiabá. Trazia o ideal de continuar a militância de esquerda e algumas técnicas de mobilização popular ainda desconhecidas na tradicional política mato-grossense.

Dante de Oliveira logo se associou a dois arquitetos amigos numa empresa para construir e vender casas, mas não ficou muito tempo. Filiado ao então MDB, se lançou candidato a vereador nas eleições de novembro de 1976. A família não gostou da novidade. Nem do pai ele conseguiu apoio.

— Ele queria que o Dante se firmasse na profissão de engenheiro e só depois tentasse a política. Eu cheguei a subir nos palanques com ele, ia de vontade própria, mas o pai, no começo, não queria que ele se tornasse político. Depois todos nós aceitamos, íamos com ele fazer campanha – lembra dona Maria.

O cunho esquerdista da candidatura pesou na decisão da família, mais alinhada ao conservadorismo. Dante não se elegeu, mas inaugurou um estilo de fazer campanha importado da sua militância estudantil. Ele conhecia técnicas de mobilização e propaganda nunca usadas em Cuiabá. Levava um banquinho para fazer discursos com megafone. Eram comícios-relâmpago. O tal banquinho era, na verdade, um palanque portátil projetado pelo primo Aluísio. Fácil de carregar, era perfeito para falas rápidas em locais de aglomeração ou circulação de pedestres. Se a polícia aparecesse, era fácil fugir da repressão.

A primeira vitória nas urnas veio em 15 de novembro de 1978, quando se elegeu deputado estadual. Além do eleitorado jovem e dos setores populares, Dante fez chegar sua mensagem ao interior do estado, focando nos agricultores sem-terra, posseiros e pequenos produtores rurais da região do Araguaia. Ao banquinho-palanque portátil e ao megafone agregou um velho Fusca de cor laranja para as viagens. Uma campanha pobre mas muito animada.

Dante casou-se com Thelma Pimentel Figueiredo de Oliveira, também cuiabana e cinco anos mais nova que ele. Começaram a namorar quando retornou do Rio, e ela ainda estudava Enfermagem na Universidade Federal de Mato Grosso – e militava no MR-8. As eleições seguintes, em 1982, conduziram uma leva de jovens deputados federais oposicionistas a Brasília, entre eles Dante de Oliveira, eleito pelo PMDB mato-grossense e, àquela altura, já desligado do MR-8. Ele logo imprimiria profunda marca não apenas na legislatura 1983-1987, mas na história contemporânea do Brasil. O próprio Dante, no livro escrito em parceria com o colega de legislatura, companheiro de afinidades político-ideológicas e grande amigo Domingos Leonelli (PMDB/BA), descreve o entusiasmo e a ansiedade que cercaram a elaboração e a tramitação da emenda que o tornaria célebre:

> *Gestado na resistência política à ditadura militar, na campanha da anistia e nas vitórias do PMDB em 1982, o movimento pelas Diretas-já começou a se desenhar em janeiro de 1983. Dante de Oliveira, antes mesmo de sua posse, elabora uma emenda constitucional propondo eleições diretas para presidente da República. Dante ainda não divisava um horizonte tão amplo e emocionante para a emenda, embora soubesse de sua importância. Tanto que solicitara à Secretaria da Câmara dos Deputados a relação dos eleitos, para obter as assinaturas necessárias à apresentação de uma emenda constitucional em primeiro lugar.*

Redigido com a assistência do pai, o texto da emenda era claro e conciso. O documento foi assinado por Dante e mais 176 deputados e 23 senadores e apresentado no dia 2 de março de 1983. A coleta dos 199 apoios foi um teste de obstinação e preparo físico do deputado. Alto e esguio, a movimentação incansável rendeu a ele o apelido de "mosquito elétrico", dado pelo então presidente do PMDB e seu padrinho de casamento, deputado Ulysses Guimarães.

A emenda incendiou o país. Depois do descrédito inicial, a proposta acabou na ordem do dia dos principais partidos de oposição. Dirigentes do PMDB, PT e PDT avaliaram que a iniciativa podia catalisar a insatisfação popular contra o governo. Tornou-se uma agenda nacional, recebendo cada vez mais apoio nas ruas. Depois do primeiro comício pelas Diretas, realizado em junho de 1983, em Goiânia (GO), com 5 mil pessoas, uma série de pequenos comícios se sucedeu por todo o país até a realização, em novembro, do primeiro comício unificado das Diretas Já, em frente ao estádio do Pacaembu, em São Paulo, com participação de 15 mil pessoas.

Nas semanas seguintes, várias cidades fizeram comícios de médio porte até que, em 12 de janeiro de 1984, Curitiba reuniu mais de 50 mil pessoas, abrindo a temporada das grandes manifestações. Elas dariam um salto no dia 25 de janeiro, quando uma multidão de mais de 300 mil pessoas lotou a Praça da Sé, no centro de São Paulo. A partir dessa data os comícios pipocaram em diferentes capitais e grandes cidades do país: João Pessoa, Maceió, Belém, Rio de Janeiro, Rio Branco, Manaus, entre outras. Cuiabá também realizou um segundo comício em 20 de fevereiro de 1984, na Praça Alencastro. Apesar dos 600 metros de distância, mais uma vez a casa do doutor Paraná foi o ponto de encontro dos políticos que desembarcavam na capital mato-grossense para a manifestação.

A praça foi tomada por 15 mil pessoas, mas os meios de comunicação da capital mal deram espaço ao evento na primeira página, à exceção de um ou outro veículo. O historiador Lauro Portela assim avaliou o comportamento da imprensa local:

Em Cuiabá, uma tímida nota cobriu a passagem do movimento das Diretas-Já pela capital do estado, a 20 de fevereiro. O "Jornal do Dia" (21.02.1984) informou que quinze mil pessoas lotaram a Praça Alencastro. Contudo, seu maior foco seria a "Emenda Figueiredo". O evento mereceu apenas uma pequena nota no jornal "O Estado de Mato Grosso", de mesma data. Ironicamente, o autor da proposta era cuiabano. Mais destaque mereceu o aniversário da "revolução", como se referiam ao golpe civil-militar os apoiadores do regime já em crise.

(Jornal de Hontem – abril de 2016)

A votação foi marcada para o dia 25 de abril e o que aconteceu depois é história: a emenda das Diretas Já foi rejeitada pela maioria dos deputados e senadores, insensíveis ao anseio popular que levou 2,5 milhões de pessoas aos dois últimos comícios, na Candelária, no Rio de Janeiro, e no Anhangabaú, em São Paulo.

Os episódios das Diretas Já, importante demonstração do envolvimento dos Oliveira com a política, impactaram a formação da jovem Laura. A casa respirava política. Laura conta que isso foi determinante em sua vida:

— Aprendi que a casa da vovó é uma casa universal, todos são aceitos sem preconceito. Isso é fantástico. Hoje meus filhos convivem com pessoas diversas com naturalidade. Na minha vida todo ser humano importa. Meus filhos dizem: "Mamãe, eles gostam de menino, né?". O que importa é o coração. Todo mundo é todo mundo, não tem frescura com ninguém. Não importa se é o senador da República, se é o prestador de serviço. A vovó sempre falou: "O seu tio não é governador, ele está governador. Amanhã ele não será nada. Eu não sou mãe do governador, eu sou mãe do Dante" – recorda Laura.

Embora a figura do doutor Paraná fosse central nesse contexto, é inegável a importância da condução de dona Maria Benedita Martins de Oliveira em tudo. Nascida em 1º de maio de 1921 em Cuiabá, filha de Luiz de Arruda Martins e Francisca Figueiredo Arruda Martins, cedo se mudou com os pais para Poconé, uma das portas de entrada do Pantanal, a 100 quilômetros da capital. Aos 10 anos voltou para Cuiabá para estudar em regime de internato no Asilo Santa Rita, das irmãs salesianas.

Logo, a jovem percebeu que ali não era o seu lugar. Ela chegou em fevereiro para cursar o primeiro ano do curso complementar, anexo à Escola Normal Pedro Celestino. Quando dona Chiquinha veio visitá-la, no fim do ano, Maria Benedita teve uma conversa séria com a mãe. Apesar de ter apenas 11 anos, foi direta:

— Mamãe, aqui, interna, eu não vou ficar mais.

E se mudou para a casa de dona Vidinha, uma parente, que mantinha um pensionato para moças. Dona Maria só concluiu o curso de formação de professora por insistência de dona Chiquinha. Ela queria, na verdade, Medicina:

— Eu fiz porque mamãe queria que eu fizesse. O meu sonho era ser médica, mas ela achou que não tinha dinheiro, que não tinha condição. Eu estudei, mas estudei por estudar, nunca gostei de lecionar. Dei aulas um tempinho em Poconé, porque mamãe tirou licença e o diretor me pôs no lugar dela.

Desde jovem, dona Maria foi uma mulher à frente do seu tempo. Foi a primeira mulher a andar de bicicleta pelas ruas de Cuiabá ainda na década de 1930. Ela pediu – e conseguiu – que a mãe lhe desse dinheiro para comprar a bicicleta. Era da marca Phillips, adquirida nas Lojas Laraia. Dona Maria tinha 16 anos.

— Fui a primeira mulher a andar de bicicleta, eu voava aqui de bicicleta. Tinha um vestido bem rodado e andava sem segurar no guidão. A primeira vez que fui andar de moto, fiz a mesma coisa, achando que podia largar, e caí. Veio um rapaz correndo me acudir, eu falei: "Não, não, me ajude a montar. Eu ralei toda minha perna, mas me ajude a montar". Montei e voltei para casa com a perna ralada – recorda dona Maria.

Os netos adoram essas histórias da avó:

— Nós víamos a vovó fazer essas coisas e adorávamos. Quando íamos para o Nordeste ela andava de ultraleve. Falava assim: "Espera aí, não vai ninguém entrar nesse negócio, quem vai andar primeiro sou eu. Se for seguro vocês vão depois". Era a primeira que entrava no ultraleve. Ela saía na frente para poder assumir o negócio – conta Laura.

O casamento com Sebastião de Oliveira durou 62 anos. O casal teve sete filhos: Bernardo Antônio de Oliveira Neto (6/1943), Yolanda de Oliveira Ribeiro (12/1944), Armando Martins de Oliveira (7/1947), Lucia Martins de Oliveira (8/1949), Dante Martins de Oliveira (2/1952), Inês Martins de Oliveira (3/1954) e Eneida Maria de Oliveira (12/1956). Filhos e filhas que lhes deram 17 netos, 36 bisnetos e uma trineta.

Mais do que uma família funcional e numerosa, a união duradoura entre dona Maria e doutor Paraná rendeu a ela a condição de articuladora política informal, que sabia cativar os políticos que frequentavam o seu lar. E foram muitos, durante vários anos. Era uma convivência tão intensa, desde o café da manhã, que os amigos dos filhos, e depois dos netos, apelidaram a movimentação de "Bom dia Maria". No almoço, as ajudantes da cozinha costumavam perguntar a ela: "Quantos virão hoje?". Ao que dona Maria respondia: "Não sei. Mas deixe os pratos ajeitados para aqueles que chegarem".

— Aqui nós temos um movimento chamado "Bom dia Maria". Todo mundo vinha tomar café, conversar. No tempo de Dante, então, todos os políticos vinham para cá. Governador do Paraná, governador de São Paulo, veio Tancredo Neves, todo esse povo passou por aqui – recorda Yolanda.

O próprio ex-governador de São Paulo João Dória fez questão de visitar dona Maria numa das recentes viagens a Cuiabá. Apareceu para tomar um café e dar o famoso "Bom dia Maria".

— O Dória tomou café da manhã comigo. Conversou bastante, veio até a cozinha e tirou fotos com as empregadas – lembra.

Outro político importante que ainda mantém laços com dona Maria é Pedro Simon, ex-senador e ex-governador do Rio Grande do Sul. No fim de 2021, dona Maria atendeu a um telefonema e do outro lado da linha estava o ex-governador gaúcho:

— "Aqui é o Pedro", ele disse. E eu: "Qual Pedro?". E logo entabulamos uma conversa. Ele está bem velhinho. Me lembro de uma vez que ele passou horas aqui, com aquele monte de gente. Ficou sentado à beira do cacaueiro que tínhamos no quintal. Era um pé de cacau enorme e chamou tanto a atenção dele que, quando ele encontrou uma parente nossa no Sul, perguntou: "Ainda tem aquele cacaueiro lá?".

O cacaueiro é, também, uma das lembranças preferidas de Laura quando ela viaja ao passado na casa dos avós. As lembranças das brincadeiras com irmãos e primos à sombra da árvore só não são mais intensas do que o próprio sabor adocicado do fruto maduro que as crianças dividiam se lambuzando ali mesmo, sob a frondosa copa. A sensação que Laura experimenta é de quem viveu, naquela casa, todas as coisas boas da vida:

— Tinha um sofá de canto, grande, tipo capitonê, com almofadas. Fazíamos a parte de trás de casinha. Nos reuníamos com primos e primas, todas as minhas tias e ficava todo mundo aqui. Aqui na vovó sempre foi um ponto de encontro, todo mundo passa. Quando a mamãe estava trabalhando, eu passava o dia aqui. Isso quando eu tinha 7, 8 anos.

Tão forte quanto essas lembranças é o aroma que tomava conta da enorme cozinha – anexa à sala onde a família faz as refeições –, saindo do forno onde se assava bolo de queijo. Não, não se trata do pão de queijo.

— O bolo de queijo cuiabano é uma receita típica da cidade, uma receita diferente. Tinha também o bolinho de arroz, que era uma delícia comer quentinho – conta Laura.

Laura junta às memórias do paladar outros afagos que os avós faziam para ela e os primos. Yolanda lembra que os filhos dela e dos irmãos foram praticamente criados ali. Havia até um quarto, ocupado por dona Maria, onde a criançada se juntava nos fins de semana para dormir. Como toda casa de vó, era lá que todos queriam passar a noite.

— Eles estavam sempre aqui comigo, eu inventava brincadeiras. Houve uma época, principalmente depois de mais velhos, que eles dormiam aqui para poder ir à missa de domingo. Eu levava todas elas pequenas. Acordava as crianças cedo e ia todo mundo assistir à missa no Santuário Nossa Senhora Auxiliadora – lembra dona Maria.

Mesmo sendo acolhedora, dona Maria não dava trégua para a criançada. Volta e meia usava de muita energia para pôr ordem na bagunça:

— Eu batia o chinelo no chão, falava alto, colocava de castigo, mas não era o tempo todo. Eu era de contar história. Nas férias, íamos para a fazenda do papai, no município de Santo Antônio. Era uma fazenda de gado.

Apesar disso, a matriarca era uma mulher fechada. Quando as netas foram crescendo ela se mostrava aberta a ouvi-las, nunca foi de se intrometer, mas dava conselhos e orientava sobre os assuntos da vida. Perfil semelhante ao do marido. Homem culto e de muita leitura, o doutor Paraná chegou a escrever dois livros de memórias e sobre fé. Mas, apesar da erudição, era capaz de conversar com qualquer tipo de pessoa, mesmo que para isso tivesse que se nivelar aos interlocutores.

— Ele lia muito. Sempre leu muito. E tinha uma grande capacidade de se adaptar ao interlocutor. Por exemplo, se era uma pessoa muito inteligente, preparada, ele tinha essa altura para conversar. Se era mediano, conversava do mesmo jeito. Até com criança pequena você o via falando. Ele tinha essa capacidade de passear por diversos públicos – recorda Yolanda.

Laura lembra que o avô encantava as crianças. Adorava os pequenos e procurava atrair a atenção deles. Sabia trabalhar a intelectualidade ou a simplicidade com quem falava. Apesar do trato com as crianças, era um homem severo nas palavras e gestos. Laura diz ter *flashes* de momentos de muito carinho com o avô, mas às vezes carregados de severidade:

— Meu avô sempre foi crítico. Sempre ponderava a opinião dele sobre o assunto e tentava mostrar uma realidade, para nosso bem. Minha avó era mais agitada e ele fazia de conta que era mais calmo, mas sempre severo. Eu era uma das poucas netas que conseguiam conversar com ele por horas. Mesmo ele estando bravo, eu tinha jeito com ele.

Com 12 anos, nós fomos para Guarapari, no Espírito Santo, e também para Niterói. Sempre nos demos bem, tive muita coisa boa na convivência com meu avô.

Aposentado como advogado do Tribunal de Contas, doutor Paraná era simples e controlado. Aposentou-se cedo, porque começou a trabalhar também muito cedo. Seu dinheiro era regrado e nunca houve luxo. Ensinou que todos deviam fazer uma faculdade e ter seu próprio salário e que ninguém precisava mais do que o necessário. Pelo contrário, fazia questão de viver na austeridade e de ensinar aos descendentes a importância do trabalho.

— Todo mundo aqui na família é muito simples, ninguém sabe o que é uma grife de luxo, mas sempre tiveram tudo. Todos foram para a Europa, fizeram faculdade no Rio de Janeiro, se formaram, tinham salário. O vovô sempre exigiu que todos tivessem um trabalho. É uma família maravilhosa porque, na simplicidade da situação e das circunstâncias, tiveram educação – afirma Laura.

Já em idade avançada, o doutor Paraná gostava de passar horas num dos quartos da frente da casa. Era nesses momentos que Laura se aproximava para conversar e tirar ensinamentos para a vida. Falavam sobre advocacia, família e cristianismo. O avô procurava orientá-la sobre vocação profissional e valores como honestidade. Laura cresceu ouvindo que era livre para escolher a profissão que quisesse seguir, mas, uma vez escolhida, era aquilo que ia defini-la como pessoa na sociedade e por isso tinha que fazer bem-feito.

— Nem todos paravam para escutar essas coisas. Eu era muito apegada com o meu avô. O vovô, por sua vez, era meio seco, mas cuidadoso. Ele fazia você pensar. Colocava uma faca no seu coração, não era nem no pescoço, e fazia você pensar. Ele dava porrada para você crescer – diz Laura.

Já a avó demonstrava afeto escrevendo cartões. Em todas as datas importantes para os netos, como primeira comunhão, havia uma mensagem especial. Muitos ainda guardam essas lembranças:

— Eu ainda tenho o cartão escrito pela minha avó quando fiz a primeira comunhão. Aprendi com ela a responder mensagens, a retribuir presentes, a agradecer um cartão. A vovó tinha 20, 30 netos e bisnetos. Preparava 30 ovos de Páscoa, mas o melhor de tudo era que ela colocava um lacinho com um cartão escrito à mão em cada um. A gente ajudava a preparar. Aprendia pelo exemplo, pela dedicação e carinho de guardar um tempo especial para cada pessoa. Ela sempre parou para telefonar no dia do aniversário de casamento, no dia do aniversário de cada um. Sempre prezou pela atenção individual da forma que ela podia e da forma que tinha condição no momento. Vovó adora mandar rezar missa. Ela dizia: "Vou mandar rezar uma missa de ação de graças...". "Acho que esse menino está com o coração apertado, vou mandar rezar uma missa para ele" – diz Laura.

Porto seguro para onde voltava – e ainda volta – quando se sente solitária, quando está feliz ou quando quer abrigo, a casa dos avós tem importância fundamental na vida de Laura. O conforto, o acolhimento e o carinho que encontrava ajudaram na sua formação de adolescente, de mulher e de empresária. Ali também forjou sua cidadania, sempre envolvida com pensamentos humanitários que, de certa forma, contribuíram para moldar o seu temperamento.

— Quando meu avô faleceu eu fiquei duas semanas com a vovó. Essa casa tinha e tem muita relevância mesmo depois de 25 anos morando fora. Tenho referências de ter sempre uma comida quentinha, um biscoito, vários tipos de doce e um beijo carinhoso. A vovó sempre foi muito atenta ao que cada um gostava. Um gosta do leite integral, a outra de Leite Ninho, a outra do leite de saquinho. Um toma Guaraná nesse copo... Ela é uma pessoa muito peculiar, não julga, é à frente do tempo dela. Quando é preciso, puxa a orelha para mostrar que está atenta, para demonstrar afeto – reconhece Laura.

Apesar da intensa ligação com políticos e a política, esse mundo nunca atraiu Laura. Depois da morte de Dante de Oliveira, ninguém da família se interessou em herdar a carreira. Apenas dois primos, Leonardo e Luluca, filhos de Yolanda. O primeiro se elegeu vereador de Cuiabá. Luluca também tentou uma vaga para vereador, porém, ainda jovem na política, não conseguiu se eleger. Thelma procurou seguir a carreira do marido. Foi deputada federal por dois mandatos e depois se elegeu prefeita de Chapada dos Guimarães.

— Eu gosto muito dela. Andávamos de bicicleta, íamos tomar banho de cachoeira e curtíamos a Chapada dos Guimarães – diz Laura.

A relação com o tio e a esposa se tornou ainda mais próxima com o casamento de Laura com Alexandre. Ele e Dante se davam muito bem. Os dois eram divertidos, brincalhões, adoravam bicicleta e uma cachaça de boa qualidade. Quando Laura construiu sua primeira casa, em 1994, na Chapada dos Guimarães, Dante e Thelma viviam por lá. Dante era reservado em sua vida pessoal. Deixava que se aproximassem apenas as pessoas com que ele tinha afinidade.

A morte precoce impediu que Dante preparasse um sucessor político. Por um momento Laura achou que tivesse inclinação para a política. E até pensou, na loucura dos seus 22 anos, em ser prefeita da Chapada. Quando comentou com o tio a intenção, ele foi claro: "Isso não é brincadeira".

— Eu saí visitando os bairros de Chapada, inventei uns questionários. Depois vi que não era nada disso que eu queria e fui embora para Brasília – conta Laura.

Laura leva os ensinamentos e a dedicação do tio para com os mais necessitados para o resto da vida. Encontrou seu lugar de fala e de ação não na política mas nos negócios, como mulher empreendedora sensível ao social e atenta ao futuro.

> ### CRIANDO FORÇA PARA VOAR ALTO
>
> *Sempre há o que podemos aprender e o que podemos ensinar. Apoiar e ajudar o outro com tempo e dinheiro. A política é de extrema importância e fazer política pública é algo necessário. Para todos e para os políticos. Implementar educação financeira e empreendedorismo desde o quarto ano do ensino fundamental é essencial para a mudança de mentalidade de uma nação.*

PARTE II A MULHER TRABALHADORA

PARTE II

A MULHER TRABALHADORA

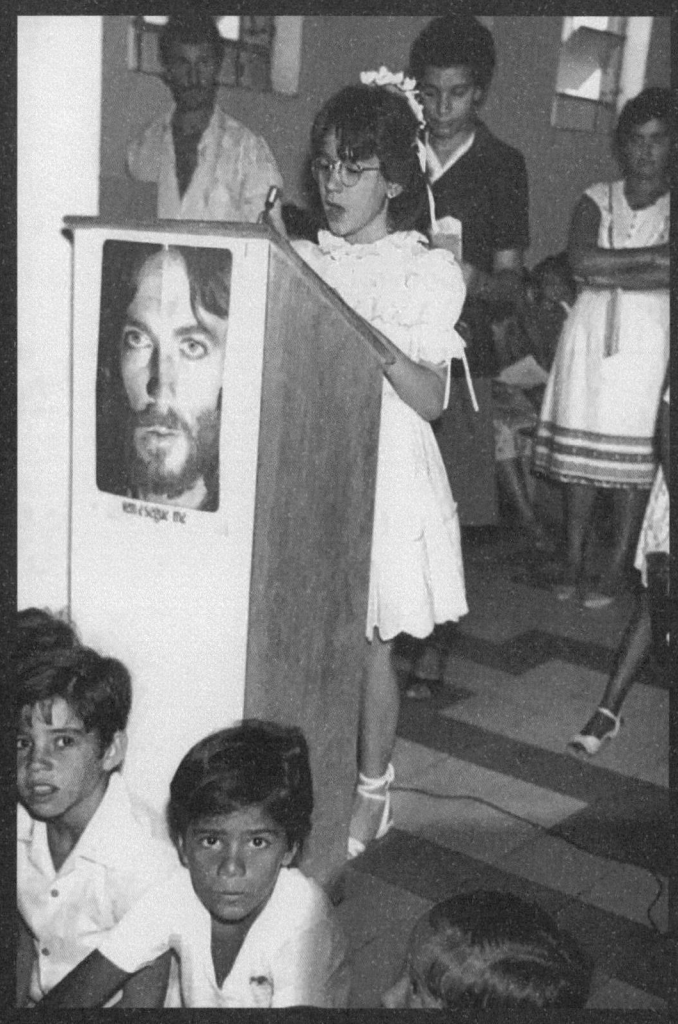

Leitura do evangelho
na primeira comunhão,
em novembro de 1983.

1. O CADERNO ROSA DA MINNIE

O gritos de euforia explodiram no interior da casa dos Oliveira e ecoaram por toda a Praça Rachid Jaudy assim que o Tribunal Regional Eleitoral de Mato Grosso anunciou a vitória de Dante de Oliveira nas eleições de novembro de 1985. Com 60% dos votos válidos, o caçula do doutor Paraná foi eleito prefeito de Cuiabá. Laura era uma das mais eufóricas, afinal nutria pelo tio um carinho imenso. Entre os sobrinhos, era a mais apegada. Os dois tinham muito em comum. A menina admirava a firmeza com que ele defendia suas ideias; Dante, por sua vez, enxergava na filha de Bernardo a ousadia essencial a quem deseja lutar pelos seus sonhos.

Desde pequena, a sobrinha acompanhava o tio nas visitas às fazendas da família e nas andanças pela periferia de Cuiabá em busca de votos. Tinha sido assim na infância e se intensificava agora que Laura chegava à adolescência. Apesar da constância, Myrian se assustava toda vez que o telefone tocava antes das 6 horas da manhã e era o cunhado. Ansiosa, perguntava: "Aconteceu alguma coisa?". A resposta era sempre a mesma: "Acorda a Laura, arruma a roupa dela, porque em meia hora estou passando aí".

— Eu subia no avião muitas vezes sem saber qual seria o destino. Íamos para o interior de Mato Grosso. Foi nessas viagens que eu aprendi a andar a cavalo, a conhecer mais de perto a vida dos peões e experimentei o gosto de cerveja gelada. Eles até tentaram me ensinar a tocar berrante, mas nunca consegui – conta Laura.

A sobrinha ainda não tinha completado 13 anos quando Dante assumiu a prefeitura, em janeiro de 1986. Laura estava na 8ª série do ensino fundamental e sabia onde gostaria de cursar o ensino médio no ano seguinte. Seu objetivo era o curso de Eletrotécnica da Escola Técnica Federal de Mato Grosso[1], uma das mais antigas instituições de ensino do estado. Foi aceita em janeiro de 1987. Era uma das poucas meninas na sala. Frequentava as aulas de manhã e dividia as tardes entre o curso de inglês e os treinos de caratê. Foi Paraná quem matriculou a neta na escola de idiomas CCAA e, mais tarde, no Fisk, que ficava próximo à sua casa. Já nos primeiros semestres, Laura revelou facilidade no aprendizado da língua. A única coisa que a chateava era pedir o dinheiro da mensalidade ao avô.

— Ele era sério e dizia: "Está aprendendo inglês direito ou está jogando dinheiro fora?". Eu respirava, engolia em seco e respondia. Eu precisava do dinheiro, mas aquela pergunta insistente me dava uma raiva tão grande que eu decidi transformá-la em combustível. Eu pensava: vou estudar, vou trabalhar, porque a última coisa que eu quero é depender do dinheiro dele ou de qualquer pessoa.

Foi esse espírito aguerrido e a desinibição para engatar conversa em inglês mesmo sem dominar 100% o idioma que levaram Laura a aceitar um emprego temporário na Empresa Mato-Grossense de Turismo, a Turimat. Uma das exigências para cobrir a licença do funcionário afastado era falar inglês. Laura não titubeou. Ao ser questionada se era fluente, prontamente respondeu: "Sim!".

— Eu não me expressava tão bem, cometia muitos erros, mas não me intimidava. Fui ganhando desenvoltura, aprendendo com a prática.

---

[1] Criada em 23 de setembro de 1909 como Escola de Aprendizes Artífices, pelo presidente da República Nilo Peçanha. Foi conhecida como Liceu Industrial e depois Escola Industrial de Cuiabá. A partir de 1967 deu início ao ensino profissionalizante de segundo grau, passando a chamar-se Escola Técnica Federal de Mato Grosso.

Aos 16 anos era recepcionista bilíngue, recebia os visitantes, indicava os roteiros turísticos para quem queria conhecer o Pantanal. Vendia pacote turístico que era uma beleza. Com isso, ganhava um dinheiro extra com as comissões das agências de viagem.

— Eu não tinha consciência do meu tino para os negócios, sabia apenas que era boa vendedora – conta Laura.

A rotina era puxada e tinha um agravante: Laura trabalhava escondido da mãe. Não contou nada, porque tinha certeza de que Myrian não aprovaria. Por ela, a filha terminaria o ensino médio antes de arrumar um emprego. Mas Laura não estava preocupada com isso. De segunda a sexta-feira pulava da cama às 6 da manhã, preparava o próprio café e ia a pé para a Escola Técnica, a poucos quarteirões de casa. Saía ao meio-dia e, debaixo do sol forte característico de Cuiabá, voltava correndo para casa. Tomava um banho e trocava o uniforme pela roupa de trabalho. Quando tinha tempo, almoçava; quando não, comia um salgado pelo caminho. Às 13 horas, batia o ponto e cumpria jornada até as 18 horas. Nos fins de semana, panfletava para empresas como a Construtora Plaenge e outras de construção civil. O contrato com a Turimat, inicialmente firmado por 45 dias, em março de 1989, foi retomado em 17 de março de 1990. Cumprido o período de experiência, Laura foi efetivada. A adolescente tinha dado o primeiro passo em busca da independência financeira. Conquistara um emprego com carteira assinada.

— Eu não sei exatamente quanto ganhava porque a moeda era outra. Só me lembro que era mais do que o salário mínimo. Eu gastava parte do dinheiro pagando as prestações da Transcred, um carnê semelhante ao das Casas Bahia emitido pela Transbrasil para parcelar a venda de passagens aéreas. Eu era doida para viajar. Queria ir para o Rio de Janeiro, conhecer lugares. Toda a vida fui fissurada por São Paulo. Tanto que aos 48 anos realizei o sonho de ter o meu próprio apartamento na capital, no bairro do Itaim – diz Laura.

A paixão por voar era tamanha que Laura tentou, aos 16 anos, ser aeromoça da Vasp. Seria um atalho para conhecer o mundo. Arriscou várias vezes deixar o currículo na companhia, mas por ser menor de idade ninguém lhe dava atenção, por mais que insistisse na sua fluência no inglês e na experiência com turismo. Chegou, também, a se inscrever para um processo seletivo na Aeronáutica. Queria ser piloto de caça, pois sentia-se atraída por aventuras com altas doses de adrenalina.

— Imagine a minha decepção quando, ao preencher os papéis, descobri que mulheres só podiam se inscrever para cargos administrativos ou para enfermaria, jamais pilotar avião. Aquilo me revoltou. Não me contive. Escrevi uma carta à Força Aérea Brasileira contando o meu desejo e no mesmo envelope coloquei o formulário de inscrição. A resposta demorou a chegar e, quando veio, repetia aquilo que eu não queria ouvir ou ler: "Mulher não pode pilotar caça, apenas trabalhar na área administrativa ou de saúde". Acabou ali minha esperança de entrar para a FAB – recorda Laura.

A Turimat ficava num prédio histórico, na Praça da República, no centro. Conhecida como Largo da Matriz, por abrigar a Catedral Bom Jesus de Cuiabá, a praça foi palco dos principais episódios religiosos, políticos e culturais do estado. Laura gostava de circular pelo largo. Às sextas-feiras, quando saía do trabalho, passava pelas barraquinhas da feira de artesanato, que atraía turistas e moradores nos fins de semana. Foi num desses passeios que ela, ainda pré-adolescente, decidiu vender docinhos. A família vivia um momento financeiro complicado e ela tinha desejos típicos da idade, como ter uma coleção de canetas coloridas, cadernos decorados, o tênis da moda.

Mônica tinha um caderninho de capa dura cor-de-rosa estampada com personagens da Disney com receitas de docinhos de festa. As duas já tinham se arriscado no preparo de brigadeiro várias vezes, sempre com sucesso. Por que não transformar essa habilidade numa fonte de renda?, pensou. Com a ajuda da irmã, Laura fez os brigadeiros com confeitos de chocolate e beijinhos de coco envoltos em açúcar. Mônica foi clara: "Eu ajudo a fazer e a enrolar os doces, mas não conte comigo para vender". Laura concordou. Na sexta-feira à noite, as duas preparavam os doces às dezenas, que eram acomodados, cuidadosamente, em caixas de camisa. Na manhã do sábado, Laura circulava pela praça oferecendo as guloseimas. Em poucas horas as caixas ficavam vazias.

— Ela sempre foi determinada. Desde criança demonstrava um forte espírito de liderança, e quando cismava com uma coisa, não tinha jeito, não sossegava enquanto não conseguia. Laura começou a trabalhar bem cedo. Nós não tínhamos condições de dar tudo que as crianças queriam. Eram quatro e atravessávamos uma fase difícil. Então, ela decidiu ganhar o próprio dinheiro – diz Myrian.

A mãe lembra que Laura era boa de conversa. Se alguém aparecia com algo para vender, ela sabia a quem oferecer, como fazer o meio de campo:

— Era atrevida, sabia das coisas, toda vida foi assim. Ela tem o espírito empreendedor do pai, é um furacão. Esse traço é forte na família Oliveira.

As aulas de corte e costura da época do Colégio Coração de Jesus foram de grande valia quando Laura decidiu diversificar os produtos, a fim de aumentar as vendas. Se da cozinha saíam docinhos e balas, da habilidade em lidar com linha, agulha e pincéis começaram a nascer bonecas artesanais de sabonete. O ateliê, recheado de potes plásticos cheios de miçangas coloridas, ilhoses e pedrinhas, ficava debaixo da escada do sobrado onde morava. Em pouco tempo, a jovem se tornou uma das mais assíduas freguesas da Kotinha Aviamentos, loja tradicional em Cuiabá. Maria ainda hoje sente arrepios cada vez que alguém resgata a história das bonequinhas:

— Lembro muito da Laura explorando a gente para fazer os cabelinhos das bonecas. Ela brigava muito comigo, porque eu não tinha coordenação motora, não dava conta de colocar a mesma quantidade de fios de um lado e de outro. Eu não sabia costurar, nunca fui boa nessas coisas. Por conta disso, os cabelinhos entraram para a história.

Como não tinha ponto fixo na feira de artesanato, Laura oferecia os doces e as bonequinhas abordando os possíveis compradores. Não demorou muito, porém, para firmar parceria com uma das expositoras. Sempre muito conversadeira, fez amizade com uma artesã que, em troca de alguns docinhos, a deixava expor os produtos. Laura nunca se apertou, sempre tinha um plano "B" para colocar em prática. Na época da faculdade, chegou a virar noites fazendo trabalhos de conclusão de curso para os colegas, a fim de juntar dinheiro para pagar as contas. Olhando para trás, enxerga o quanto era madura, organizada e disciplinada, apesar da pouca idade. Sonhava alto e jamais teve preguiça de correr atrás de seus objetivos.

— Eu sempre soube o que queria, sonhava ser empresária e ter muito dinheiro. Queria ter meu próprio avião, não ficar parada no trânsito, ter uma vida tranquila e ajudar os outros. Eu via nas novelas da Globo aqueles empresários poderosos, de terno e gravata, pasta preta na mão, acompanhados por seguranças, e me projetava para aquele cenário. Eu não me inspirava nas mulheres, mas nos poderosos da trama. Eu queria ser o cara da pasta, o dono da empresa, que tinha casa de praia, andava de jatinho, que comandava tudo – afirma Laura.

Por isso, o tio Armando era a principal referência familiar da adolescente:

— Ele era o mais abastado, andava chique, sempre de óculos escuros Ray-Ban, tinha seguranças. Eu falava: "Gente, quando eu crescer também quero andar com motorista, ter uma pasta preta igual à que ele usa". Ele tinha o próprio avião e eu achava muito chique quando ele dizia para minha avó: "Mamãe, vamos embora para a fazenda, o avião já está esperando". Eu pensava: meu Deus, que coisa chique, um dia vou ter o meu avião também.

Ainda hoje, quando é convidada a contar sua trajetória como empreendedora, principalmente para jovens, Laura faz questão de recordar que começou a trabalhar aos 14 anos, que aprendeu muito vendendo doces e bonecas na feira de artesanato.

Quando não estava trabalhando ou estudando, Laura ficava na casa dos avós. Era lá que a família se reunia e ela gostava de se refugiar. Sentia-se segura e acolhida. Ao lado dos primos, acompanhava dona Maria às missas de domingo. Os momentos de lazer se resumiam a idas ao clube, às festas com os amigos e às viagens de carro, das quais Laura e as irmãs guardam boas lembranças. Quem se recorda desse tempo é Maria:

— Todo ano íamos de férias para Ubatuba, no litoral de São Paulo. A gente alugava uma casa e ia a família toda. Meu pai tinha uma Variant, que com frequência esquentava o motor. Era preciso parar e a viagem ficava ainda mais demorada. Para que a gente desse um pouco de sossego, ele colocava um colchonete na parte de trás para que pudéssemos dormir. As malas iam no bagageiro, porque não cabiam dentro do carro. Era uma farra, farofa mesmo.

Muitas vezes, a viagem era precedida por uma rápida passagem por Votuporanga, no interior paulista. Era lá que as meninas brincavam o Carnaval. Adoravam se fantasiar. Myrian gostava de preparar as filhas para as matinês, caprichava no glitter, na maquiagem. Mais tarde, quando o amigo da família Roberto Sayeg, que todos tratavam como tio, comprou uma cobertura com piscina a dois quarteirões da praia de Enseada, a temporada de verão mudou de endereço para o Guarujá. Laura, Mônica e Maria juntavam-se aos filhos dos anfitriões Roberto e Maria Aparecida – Omar, Ulisses, Viviane e Alexandre – e a diversão corria solta.

— A gente adorava ir à praia em frente ao Hotel Casa Grande, tinha muita gente bonita, muita paquera, sempre tinha algo diferente. Curtimos muito as atrações do *Verão Vivo*, que era transmitido nos finais de semana pela *TV Bandeirantes*. Participavam o Pelé, a Hortência, o povo do vôlei. Perdi a conta de quantas vezes menti a idade para poder entrar na discoteca do hotel, porque eu ainda não tinha 18 anos, mas era alta. São lembranças de um tempo bom. Depois o dinheiro foi rareando e deixamos de viajar com toda a família – conta Laura.

A experiência adquirida na Turimat assim como a ampliação da rede de relacionamentos ajudaram Laura a abrir novas portas. Mais uma vez, a fluência em inglês e a desenvoltura para lidar com o público foram decisivas para que fosse aceita pela *Rede Globo* para fazer a recepção da cerimônia do prêmio Profissionais do Ano, instituído pela emissora para reconhecer talentos da Publicidade, que em 1990 aconteceu em Cuiabá.

— Eu me saí bem, fui elogiada e gostei do trabalho. Comecei a ficar mais atenta aos eventos que aconteciam na cidade, sempre que possível me apresentava para trabalhar. Prestava atenção em tudo, em cada detalhe, desde a venda dos convites até as atrações para agradar o cliente. Tinha por hábito apontar o que mais tinha me surpreendido positivamente e o que eu não gostaria de ver acontecer novamente. Não demorei a perceber que era uma boa oportunidade para ter o meu próprio negócio – lembra Laura.

Cada vez que surgiam ideias que aos olhos dos outros eram fora da realidade de uma adolescente, Laura trazia à tona um conselho que Paraná repetia insistentemente nas longas conversas com a neta. Ele dizia: "Você tem de ter ambição, mas uma ambição controlada para não te dominar. E tem de ter equilíbrio entre o ser e o ter. Você tem de alimentar a alma e nunca deixe a ambição te dominar". Laura planejava um futuro de sucesso, e quando achava que estava indo longe demais, apoiava-se nas palavras do avô. Seria assim pouco tempo depois, quando ainda cursava a Escola Técnica e enveredou pelo universo dos eventos.

O caderninho de receitas com a Minnie na capa, que lhe abriu as portas para o mundo dos negócios, tornou-se definitivamente coisa do passado. A verdadeira jornada de Laura como empreendedora estava prestes a começar.

CRIANDO FORÇA PARA VOAR ALTO

Verdades presentes no seu dia a dia, ética, construção de bons relacionamentos, rotina de bons hábitos, disciplina, trabalho realizado, cursos, falar inglês, relacionamento com o público, controle das finanças.

Lembrando que nada se constrói do dia para a noite. Se faz necessário ter paciência e ambição. Mas uma ambição controlada para não ser dominado por esse sentimento. Pé no chão é sempre necessário para seu próprio crescimento e evolução.

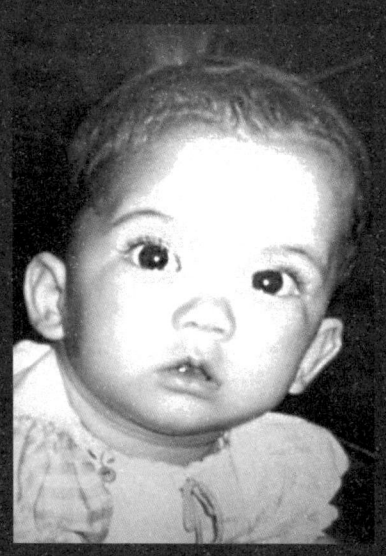

Laura não conheceu o pai, mas viveu cercada do carinho dos tios, tias e avós.

O pai Bernardo ainda jovem (à direita, em pé), os tios e avós, numa pose de família.

No escritório da M2,
a segunda empresa, em 1995.

2. MINHA PRIMEIRA EMPRESA

Ao ouvir o som do despertador, Laura se deu conta de que havia virado a noite estudando. O último ano de Eletrotécnica estava puxado. Pelo menos duas noites na semana não conseguia dormir uma hora sequer.

— Durante o dia, eu trabalhava e não tinha tempo para estudar. Então, eu tomava Coca-Cola e café com aspirina para ficar acordada até tarde, às vezes até o dia amanhecer, para me preparar para as provas e fazer os trabalhos do curso, a maioria plantas detalhadas das redes elétricas de bairros de Cuiabá. Com o dia claro, tomava um banho, bebia um "balde" de café e ia para a Escola Técnica. Essa era a minha rotina, bem difícil. Não recomendo para ninguém. Se fosse mais madura, pensaria em me organizar melhor, a fim de preservar minha saúde e bem-estar – recorda.

Laura estava prestes a sair quando o telefone tocou. Era Dante, que lhe deu bom dia e perguntou se poderiam tomar café juntos naquela semana. Ela aceitou o convite. No dia marcado, foi de ônibus até o apartamento do tio, na avenida do CPA, no bairro Bosque da Saúde.

Dante foi objetivo:

— Laura, você quer trabalhar comigo?

— Depende, se for para ganhar mais, podemos conversar – respondeu a sobrinha.

Dante não se surpreendeu com a resposta direta da sobrinha. Conhecia o seu temperamento, a maneira como lidava com a vida e sua determinação em alcançar seus sonhos. Tinham um convívio estreito, passavam horas conversando. Laura era a sobrinha de confiança, para quem Dante assinava um cheque em branco para organizar uma recepção ou para preparar uma surpresa para a esposa. Confiava na sobrinha, que nunca deixava de prestar contas e sabia acomodar os gastos ao orçamento. Eneida é testemunha dessa afinidade:

— O Dante era um visionário, assim como a Laura. O foco dela era o mundo empresarial, enquanto o que mais atraía meu irmão eram as políticas públicas. Guardadas as diferenças, os dois afinavam a conversa porque olhavam para o futuro, antecipavam cenários. Laura sempre foi muito ativa e amadureceu cedo. Já na adolescência mostrava-se uma guerreira, tinha um lado empreendedor que se sobressaía. Dante enxergava isso.

Ao contrário da maioria das jovens de sua idade, Laura assumia responsabilidades de gente grande. Não podia se dar ao luxo de trocar a Turimat por um emprego com salário menor. Tinha contas a pagar. Além disso, havia jurado a si mesma que não dependeria de ninguém para honrar seus compromissos. Para aumentar a renda, usava o conhecimento em inglês para trabalhar na secretaria e na administração de eventos. Às vezes, caía no choro por puro estresse. Quando isso acontecia, descarregava as tensões escrevendo cartas. Nos papéis amarelados pelo tempo fica claro o quanto o fardo era pesado:

Me sinto frágil quando me julgo forte.
Não sei lidar com o que sinto e não sei agir como deveria.
As coisas acontecem muito rápido, em um piscar
de olhos as situações já se modificaram e o seu
papel já é outro.

O que Laura não imaginava é que a proposta que Dante lhe faria naquela manhã não só aumentaria seus ganhos como serviria de aprendizado para a abertura de sua primeira empresa, a GLM Criatividade em Eventos.

Ouviu com atenção o que o tio tinha a propor a ela, fez algumas considerações e aceitou o convite. Quinze dias depois, aos 19 anos, Laura foi efetivada como chefe do cerimonial da prefeitura. Tornou-se funcionária pública comissionada, categoria DAS-4, ganhando o dobro do que recebia na Turimat.

— Eu nem acreditei quando me mostraram a minha sala, no 7º andar do edifício-sede da prefeitura. Pela primeira vez teria um espaço só meu e até uma secretária. Foi um grande aprendizado em todos os sentidos. Eu não sabia muito bem como me posicionar, uma vez que todos eram bem mais velhos do que eu, com anos de serviço público. Eu perguntava: "Posso usar o fax?". Eles me olhavam espantados, cochichavam entre si. Se eu era a chefe, por que estava pedindo autorização?, questionavam. Eu não precisava, mas sempre acreditei que humildade e cortesia fazem diferença – conta Laura.

Aos poucos, a jovem se acostumou à rotina e passou a ditar o ritmo de trabalho. Quando recebeu o primeiro salário, reservou uma parte para quitar os boletos, outra para as despesas pessoais e 10% para ajudar uma funcionária grávida com dificuldades para completar o enxoval do bebê.

— Fui à Loja Sabina, uma loja de departamentos no centro de Cuiabá. Comprei fralda, cueiro, mamadeira e roupinhas. Eu gostava de ajudar as pessoas e foi a maneira que encontrei para agradecer por mais uma porta aberta. Depois, quando consegui uma folguinha financeira, ajudei a pagar a escola da Maria e do Mil – diz Laura.

A inexperiência, porém, levou Laura a cometer gafes, que a fizeram corar de vergonha e provocam gargalhadas até hoje:

— O pianista Arthur Moreira Lima era amigo do meu tio, e já bastante famoso, quando veio a Cuiabá fazer uma apresentação na inauguração da Casa da Cultura. Aquele dia foi trágico, porque eu cometi dois erros graves. Eu usei a bandeira do Estado de Mato Grosso para cobrir a placa comemorativa e fui duramente repreendida. Foi um caos. Corri para arrumar um pano de cetim, porque não se usa bandeira para descerrar placas de inauguração. Eu fiquei tão desconcertada que, na hora de anunciar o maestro, eu falei: o humorista Arthur Moreira Lima. Todos caíram na risada e eu não sabia para onde correr.

As dificuldades eram previsíveis. Surpresa seria uma jovem alcançar excelência logo de saída. Mas não havia tempo para lamentações. Era aprender na prática e procurar melhorar a cada dia. Para aumentar a correria, Laura tinha feito inscrição para um cursinho pré-vestibular. Sonhava estudar na USP, em São Paulo. Frequentava as aulas aos sábados à tarde e guarda boas lembranças desse tempo, principalmente das disciplinas de História e Geografia, ministradas pelos professores Wilson Santos e Zé do Nordeste. Não conseguiu entrar na Universidade de São Paulo. Por apenas oito pontos não passou para a segunda fase da Fuvest. O esforço, porém, não foi em vão, Laura foi aprovada na Universidade Federal do Mato Grosso.

A experiência adquirida na chefia do cerimonial levou Laura a amadurecer a ideia de ter o próprio negócio. Cuiabá não tinha muitas empresas de prestação de serviço na área de eventos. Toda vez que precisava contratar mão de obra de terceiros para solenidades da prefeitura era um sacrifício. Imaginava começar com pequenos trabalhos e, se a coisa andasse, formalizaria a empresa, com sala comercial e tudo. Conversou com a tia Eneida, que por anos trabalhou no Sebrae, para saber o que fazer para abrir uma microempresa quando chegasse a hora. Antes de se aventurar, contudo, buscou conhecimento. Precisava entender mais de administração. No Sebrae, fez cursos de gestão, abertura de empresa, recursos humanos. Frequentava as aulas no período noturno ou nas manhãs de sábado. Sabia que para vencer precisava se capacitar.

Quando achou que estava preparada, chamou a irmã Maria e a amiga Glenda Silva Freire para compor a sociedade. A GLM Criatividade em Eventos, que trazia no nome as iniciais das sócias, foi fundada oficialmente em 18 de junho de 1993. Para facilitar a logística, uma vez que o cerimonial consumia boa parte do seu tempo, decidiu que o escritório seria no centro, nos arredores da Praça da República. Por sorte, encontrou uma sala vaga no Palácio do Comércio, edifício erguido em 1910, considerado uma referência no centro histórico de Cuiabá. Para montar a sala simples, que atendesse as necessidades do negócio, contou com a colaboração da família. Laura pediu à avó que, no lugar do presente de aniversário generoso que dona Maria sempre lhe reservava, comprasse um filtro d'água para a sede da empresa.

O início foi difícil. Os trabalhos contratados mal pagavam as despesas e o aluguel. Pouco sobrava para ela e as sócias. Mesmo assim, acreditava que o negócio tinha futuro. O sacrifício valia a pena.

— Eu não tinha um guarda-roupa adequado para os eventos e, também, não tinha dinheiro para comprar uma roupa nova por semana. Eu ia à casa da minha avó e pedia emprestado para as minhas tias, uma vez para a Yolanda, outra para a Inês ou para a Eneida. Eu dizia: Tia, eu preciso de uma roupa. E elas respondiam: "Como assim, não serve". Eu retrucava: Claro que serve, porque eu vou ajustar aqui, puxar ali. Insistia tanto que conseguia. Depois, procurava quem tinha um sapato que combinasse, pegava emprestado um colar da minha avó e saía toda chique. Fazia de tudo, era ao mesmo tempo a proprietária e a recepcionista. Minhas tias me ajudaram muito nesse início – afirma Laura.

A vontade de acertar era proporcional à inexperiência. Por mais que Laura se esforçasse para administrar melhor o negócio, faltava-lhe experiência de vida. Cada vez que negociava um contrato, por menor que fosse o valor, sentia que o contratante enxergava à sua frente não a empresária, mas uma jovem que insistia em brincar de empreendedora. Laura sofria para precificar os trabalhos. Não sabia separar o que realmente merecia ser levado adiante daquilo que não trazia retorno, apenas dor de cabeça. Aprendeu com os erros e acertos.

— Eu não sabia falar não. Recrutava jovens para segurar placa na rua, para distribuir panfleto de lançamento imobiliário, "santinho" de político, recepcionar visitantes em eventos. O pessoal marcava uma reunião e dizia: "Você consegue ser parceira?", "Consegue 20 meninas para segurar faixas pela cidade?". A resposta era sempre a mesma:

"Consigo". Para dar conta, a gente se virava, era criativa, não tinha preguiça. Eu comprava tecido, costurava lencinhos para as recepcionistas usarem no pescoço, fazia colar de pérolas para todas. Imagine, eu comprava as pedrinhas e montava o colar no anzol – recorda.

Laura gerenciava tudo: ensinava e treinava as equipes para que nada desse errado e o cliente ficasse satisfeito. Seu espírito de liderança e noção de organização a ajudaram a levar a GLM adiante.

Nem sempre, porém, as coisas saíam como planejado. Certa vez, perdeu a hora e chegou 30 minutos atrasada no *coffee break* que estava sob responsabilidade da GLM. O diretor da empresa contratante ficou furioso e por pouco não deixou de pagar pelo serviço. Naquele dia, jurou que nunca mais isso iria acontecer. Laura era muito responsável, mas estava sendo vencida pelo cansaço. As atividades na prefeitura e os estudos consumiam boa parte do seu dia, quase não sobrava tempo para o negócio. Sem contar que a sociedade não estava funcionando como previsto. Em pouco tempo Glenda deixou a empresa.

A GLM teve vida curta. Fechou as portas antes de completar um ano. Mas a semente estava plantada. Laura não se deu por vencida. Tinha planos ambiciosos e não demoraria a colocá-los em prática.

— Eu sempre prestei atenção nas grandes corporações, ficava atenta aos eventos que organizavam, aos detalhes. O meu sonho era ter uma empresa que faturasse milhões. Enquanto minhas amigas folheavam a *Contigo*, a *Capricho*, eu lia a revista *Exame* e questionava: um faturamento de milhões e milhões de dólares, como conseguem? Como se faz para ser uma grande companhia?

Em 14 de julho de 1994 nascia a M2 Marketing e Assessoria em Eventos Ltda., que se tornaria referência no estado. Apesar da experiência com o trabalho no cerimonial e na GLM, Laura sabia que não seria fácil.

— Eu precisava ganhar dinheiro. Onde tivesse evento eu me apresentava para oferecer serviços de recepção, cerimonial, tradução. Um dos primeiros trabalhos da M2 foi para o Sindicato da Indústria de Construção, o Sinduscon. Depois passamos a fazer eventos para a Federação das Indústrias, para entidades ligadas ao sistema "S" como Senac e Sebrae – lembra Laura.

No início, ela percorria a cidade a pé ou de ônibus. Além de levar mais tempo, enfrentava o forte calor, chegava aos compromissos suada e cansada. A vida seria bem mais fácil se tivesse um carro. Não pensou duas vezes em estabelecer o próximo objetivo a ser alcançado. Pegou o pouco dinheiro que havia guardado desde que entrara na prefeitura e saiu à procura de um automóvel usado. Não pediu orientação a ninguém, seguiu a própria intuição. Depois de muito garimpar, encontrou um Chevette cor de caramelo em péssimo estado, mas com preço compatível com seus parcos recursos.

— Aproveitei que o dono me deixou fazer um *test drive* e fui até a Amper Construções Elétricas, empresa do tio Armando, onde o tio Luís Carlos, marido da tia Inês, trabalhava. Quando eu cheguei, ele não acreditou no que viu e foi logo dizendo: "Laura, esse carro está muito ruim!". Eu respondi: É o que estava em melhor estado entre os que eu tenho condições de pagar. Mesmo assim, ainda falta 10% do valor.

Enquanto Luís Carlos avaliava o Chevette tentando encontrar alguma vantagem que justificasse a compra, Armando foi ao encontro da sobrinha. Sem rodeios, disparou: "Que carro horrível, esse Chevette não presta para nada". Laura, que nunca foi de engolir desaforo, retrucou: "Pode não prestar para você, que tem outra realidade de vida, mas para mim que estou precisando muito de um carro, porque está difícil andar de ônibus, presta e muito".

Foi Luís Carlos, porém, quem a convenceu a mudar de ideia. Em uma oficina conhecida, o tio havia visto a carcaça de um Fusca encostada que, com motor e pneus novos, seria bem mais seguro que o Chevette caramelo. Laura aceitou, mas impôs uma condição: que o tio acertasse as despesas que ultrapassassem a quantia de que ela dispunha. Ele topou. Qual não foi a sua surpresa ao chegar à oficina, que mais parecia um depósito de sucata: o aspecto era pior do que o do Chevette, lembra:

— O Fusca era cinza, estava todo detonado, os bancos rasgados, com o enchimento aparecendo. Sem contar que o dono da oficina queria que eu arrumasse o carro para depois transferir os documentos. Imagine, eu que gosto de tudo certinho, com contrato, jamais aceitaria aquela proposta. Respondi secamente: não vou botar dinheiro algum nesse negócio sem o carro estar no meu nome. Ele se rendeu.

Da oficina Laura seguiu direto para a Trescinco, concessionária autorizada da Volkswagen, para comprar um motor novo. Não deu certo, porque mesmo dividindo em 12 parcelas ainda faltava dinheiro. Não teve dúvidas, colocou à venda uma linha telefônica, um ativo bem valorizado à época. Com o dinheiro, comprou o motor zerinho e deu ordens para que o serviço fosse feito. Não tinha ideia, porém, de que o motor era apenas um dos problemas do carro. O câmbio era duro, as rodas não estavam alinhadas, tinha folga na direção, as pastilhas do freio estavam gastas e a embreagem, desgastada.

Depois de 40 dias de espera, finalmente Laura conseguiria cruzar as ruas de Cuiabá a bordo do seu primeiro carro. Estava feliz da vida, orgulhosa do que havia feito. O mecânico, porém, lhe fez um alerta: "Vai devagar, sente o carro e aos poucos a gente vai fazendo os ajustes necessários". Laura não lhe deu muita atenção. Assim que entrou na avenida Fernando Corrêa da Costa, uma das mais movimentadas da cidade, ouviu um barulho estranho e, imediatamente, o carro ficou sem controle. A roda se soltou, atingindo três carros estacionados. Para completar, ela não tinha carteira de motorista, pois ainda frequentava as aulas na autoescola. Com medo das consequências, parou o carro o mais perto possível da calçada, trancou as portas, correu para o orelhão mais próximo e ligou para o padrasto pedindo ajuda. Tinha receio de que o Detran levasse o veículo por falta da habilitação. Foi a primeira de muitas aventuras que viveria a bordo do Fusca detonado.

— O tempo que passei esperando pelo meu padrasto pareceu uma eternidade. Ele resgatou o carro e o levou direto para a oficina. Só saiu de lá quando o mecânico garantiu que estava tudo certo – conta Laura.

Tempos depois, saiu para festejar seu aniversário com os amigos. Como estava muito animada e o motor do carro em bom estado, acabou cometendo uma barbeiragem. Na hora de fazer uma curva, errou o traçado e acabou entrando com o Fusca dentro de uma casa. Por pouco o automóvel não atingiu os moradores que dormiam no quarto. O impacto foi grande, abalando a estrutura da casa e parte do telhado caiu sobre o carro.

— Eu estava meio zonza e ouvia o povo dizer: "Morreu, ninguém mexe". Com muita dificuldade eu respondi: Não morri não, estou aqui. Machuquei o rosto, os ombros, tive de ir para o pronto-socorro. Mais uma vez quem me ajudou foi o tio Luís Carlos, que me emprestou dinheiro para arrumar a casa e o Fusca. O bom é que não estragou o motor, a única coisa que valia no carro, só a lataria. Aproveitei para reformar o Fusca inteiro. Ficou lindo – afirma Laura.

Menos de um ano depois, Laura entregou o Fusca e mais o valor da venda de outra linha telefônica como entrada para a compra do primeiro carro zero. Um Fusca Itamar, verde metálico, maravilhoso.

A compra do carro facilitou a vida de Laura e deu agilidade aos trabalhos realizados pela M2. O Fusca transportava as recepcionistas de um lado para outro, a fim de evitar atrasos. Não demorou muito, porém, para a empresa ter carro próprio com motorista. Era uma Kombi cor creme de segunda mão. Laura lembra que era uma diversão só. Quando o motorista faltava ou tinha algum problema, era ela mesma quem assumia o volante. Mais tarde, quando Maria tirou a carteira de habilitação, o transporte muitas vezes ficava por conta dela.

— A gente ralava demais. Eu saía dirigindo aquela Kombi por tudo quanto é lado em Cuiabá, pegando as meninas, levando para casa depois de passar o dia todo trabalhando nas exposições. Era duro, mas a gente dava conta – afirma Maria.

A correria estava só começando, em setembro de 1994, quando Laura reservou uma sala no Mato Grosso Palace Hotel, na região central, para recrutar colaboradores para o escritório da M2 Eventos. Entre as candidatas estava uma mato-grossense natural de Poxoréu que acabara de chegar à capital em busca de emprego. Elsuir Delmon de Almeida, a Sula, não tinha experiência mas esbanjava disposição. Laura simpatizou com a jovem assim que começaram a conversar e decidiu contratá-la. Nascia ali uma parceria que se estenderia por mais de uma década e uma amizade que as duas levaram para a vida.

— Eu nunca havia trabalhado na área, fui aprendendo tudo com a Laura. Primeiro, cuidava da parte administrativa. À medida que a empresa foi crescendo, evoluindo, fui assumindo outras funções.

Enquanto a Laura estava à frente do cerimonial, eu coordenava os bastidores. Fui o braço direito da Laura na M2 e me orgulho do que conquistei – diz Sula.

Mais tarde, Sula se tornou sócia. Ela acredita que um dos diferenciais que fizeram a M2 se destacar no estado de Mato Grosso foi a seriedade com que honrava os compromissos. Mesmo quando um imprevisto fazia com que algo não saísse como planejado, a empresa assumia o prejuízo e cumpria o contrato. Sula afirma que ainda lhe causa arrepios a lembrança de um dos primeiros eventos realizados para o Instituto de Registro Imobiliário do Brasil (IRIB), reunindo autoridades de várias partes do país:

— Normalmente a gente assumia o buffet, a contratação das recepcionistas, os serviços de merchandising, apresentação e tradução. Mas naquele encontro ficamos responsáveis também pelo receptivo. Contratamos o serviço de uma agência de viagem para esse fim. Nunca passamos tanto sufoco. Os congressistas não conseguiam confirmar as passagens, alguns sequer tinham voos reservados. Para que o problema não ficasse ainda maior, a Laura tomou a frente, tirou a agência do circuito e contratou outro fornecedor. Tivemos prejuízo, mas não deixamos ninguém na mão.

A atenção aos detalhes e a postura extremamente profissional da equipe no cumprimento dos acordos levaram a M2 a atrair clientes de peso como Antarctica, Itaú Seguros, Kaiser, Coca-Cola, a organizar eventos que ainda são lembrados.

— Fomos nós que fizemos o lançamento oficial da cerveja Kaiser Summer Draft em Cuiabá, no verão de 1995; executamos todo o trabalho de apresentação e merchandising da Escolinha de Futebol do Gaúcho (Luís Carlos Toffoli); coordenamos uma ação gigante que envolveu toda a rede escolar no lançamento da bebida Pichula. Fazíamos o cerimonial de concurso de miss, organizávamos encontros e seminários para arquitetos e juízes, respondíamos pela recepção na maioria das exposições agropecuárias. Tínhamos uma equipe completa, transporte, cabelo, maquiagem – recorda Sula, orgulhosa.

Com a empresa crescendo, Laura deixou a prefeitura. A M2 tinha alcançado uma certa visibilidade e passou a ser contratada para organizar shows de nomes importantes da cultura nacional. Um dos que ficaram na memória foi o do humorista Chico Anysio, realizado em 1995, na boate Amerika Music Hall, uma das mais badaladas de Cuiabá.

Dante sempre acompanhou o trabalho de Laura de perto, nunca duvidou que a sobrinha teria sucesso à frente do próprio negócio. Quando começou a campanha para o governo do Estado de Mato Grosso chamou a M2 para trabalhar em parceria com sua equipe. Laura lembra com alegria desse tempo, de quando organizou um showmício em Alta Floresta, com a dupla João Paulo e Daniel. O evento marcou a inauguração do Linhão, que levou energia elétrica para o norte de Mato Grosso.

— Eu estava craque, contratava os artistas, fretava avião, aprendi a trabalhar sob pressão. Para o showmício em Alta Floresta, fretei um Fokker 50 e o Dante quase me matou. Alterado, ele me disse: "Você ficou louca?". Eu respondi: "Saiba que você economizou muito, por conta da quantidade dos equipamentos de som e do número de integrantes da banda. Confia, eu sei o que estou fazendo". E sabia mesmo. Aprendi a calcular o custo do transporte dos equipamentos de acordo com peso e volume, se era possível despachar por avião, se precisava seguir por terra. Diante de tantos argumentos, ele respirou aliviado e eu fui em frente – diz Laura.

Apesar da distância de quase 800 quilômetros de Cuiabá e das dificuldades de acesso, o showmício foi um sucesso, reunindo mais de 15 mil pessoas, recorda Laura:

— A dupla chegou no horário, coloquei meu tio para disputar uma partida de futebol com João Paulo e Daniel, fizemos Alta Floresta inteira participar do showmício. Eu nunca tinha mexido com tanto dinheiro e me orgulho de ter feito tudo certo. Nesse dia provei ao meu tio que podia confiar na minha capacidade, construí essa confiança passo a passo. Durante toda a campanha, e mesmo depois de eleito, continuei prestando serviços para ele, realizando concurso de miss, inauguração de escola, de centros de apoio a mães. Virei o braço direito do tio Dante para esse assunto. Lembro que eu ficava até tarde da noite me informando sobre quem era quem nos bairros, nas cidades, olhava mais de uma vez a foto das pessoas, tudo para não errar.

Deu certo. A M2 Eventos chegou a ter dez funcionários registrados, além de dezenas de prestadores de serviço, e faturamento de 200 mil dólares por ano. Permaneceu em atividade em Cuiabá até meados de 2000, honrando seus contratos mesmo depois da mudança de Laura para Brasília. O sonho da menina de se tornar empresária virou realidade. A jovem havia provado, de uma vez por todas, que não tinha vindo ao mundo dos negócios para brincar de empreendedora.

> ## CRIANDO FORÇA PARA VOAR ALTO
>
> *Acorde cedo, trabalhe diariamente, não tenha preguiça. Acredite nos seus sonhos, busque o seu melhor, não se intimide diante das adversidades, tenha confiança interna, com doses de ousadia e coragem. Com certeza isso tudo vai fazer a diferença. Invista em um curso superior a qualquer tempo, não se limite a idade e nunca subestime um aprendizado.*

Aos 16 anos, trabalhando como
recepcionista muito antes de abrir
sua primeira empresa: aprendizado
para o futuro. O colar e os brincos
usados na foto Laura fazia com
anzois e pérolas comprados na
Kotinha Aviamentos.

Laura radical: sem medo de voar alto.

3. ESPÍRITO INQUIETO

A ssim que pôs os pés para fora da cama numa daquelas manhãs quentes de janeiro, o primeiro pensamento de Laura foi correr até a banca de jornal mais perto de casa em busca do *Diário de Cuiabá*. Estava ansiosa para conferir a lista de aprovados no vestibular de 1992 da Universidade Federal de Mato Grosso (UFMT). Imaginava que iria superar a decepção de ter ficado fora da segunda fase da Fuvest. Dessa vez, porém, estava mais confiante. Myrian procurava acalmar a filha, afinal Laura tinha apenas 18 anos e muito tempo pela frente para tentar quantas vezes fosse necessário. A jovem, contudo, não estava disposta a esperar.

O coração batia acelerado enquanto ela passava os olhos pela lista impressa em letras miúdas – bem menores do que o habitual – na página do jornal. Não conteve o grito quando viu seu nome. Sim, havia passado em Administração na Federal. Mais do que isso, fora aprovada em 18º lugar.

— Foi uma festa só, era muita felicidade. Eu não acreditava que estava entre os 20 primeiros colocados. A concorrência era grande, dezenas de candidatos por vaga. Comemorei muito – lembra.

Laura fez a matrícula para o período noturno, no *campus* de Coxipó, a seis quilômetros do centro. De carro, levaria 10 minutos para chegar à faculdade. Mas esse não era o seu caso. Teria de perder pelo menos 40 minutos para ir de transporte público, tempo precioso demais para a jovem. Em fevereiro, quando começaram as aulas, Laura era funcionária da Turimat e ainda fazia cursos no Sebrae a fim de se preparar para abrir a própria empresa.

— Eu acordava cedo, resolvia a pé todas as pendências antes de ir para a Turimat. Trabalhava o dia todo e para frequentar as aulas no Sebrae, que ficava na avenida do CPA, próximo da Assembleia Legislativa, tinha de me virar. Um dia chegava atrasada no curso, noutro saía mais cedo do trabalho. Eu cruzava a cidade de ônibus num calor de mais de 40 graus. À noite, ia de condução para o Coxipó. Mal conseguia comer, tomar um banho. Não tinha tempo para nada – conta Laura.

Se por um lado a rotina era dura, por outro a vida universitária permitiu a Laura viver momentos de descontração e descobertas. Extrovertida e bonita, não demorou a despertar o interesse dos rapazes. Situação, aliás, que a mãe conhecia bem:

— Laura era daquelas que quando passavam, os moços não economizavam assobios. Sempre era notada e muito assediada, mas sempre na dela. Ela era, como posso dizer, bem careta.

Laura não dava atenção à fama de namoradeira. Se havia algo que não a preocupava era o que os outros pensavam dela. Nesse momento, estava mais interessada em gastar suas energias no trabalho e em se qualificar para conduzir sua empresa na área de eventos.

— Foram anos de muita diversão. Eu tinha um namorado bonitão, um metro e 94 de altura, dono de academia. Ele me fazia correr feito louca, dar duas voltas ao redor da sede do 44º Batalhão de Infantaria, na avenida Lavapés. Eu tinha acesso livre à academia. Foi lá que aprendi a jogar squash. Eu fazia capoeira, lutava caratê, era uma praga – diz em meio a risadas.

A lista de pretendentes e conquistas aumentava a cada dia. Entre uma paquera aqui, outra ali, Laura começou a se interessar por um colega de curso. Um relacionamento frustrado, pois o rapaz era comprometido, namorava há tempos a jovem que, anos depois, se tornaria sua esposa.

— Quando a moça aparecia, o povo dizia: "Laura, a polícia chegou". Era terrível. Ele me acompanhava nas saídas depois da aula com a turma para ir ao Bar do Leo beber cerveja. O lugar tinha fama de ser o bar da confusão. Mesmo assim, a gente batia ponto lá. Ele era mais velho do que eu, me ensinou a jogar truco, íamos para Ribeirão Preto, no interior de São Paulo, tomar chopp no Pinguim. Viajávamos e não avisávamos ninguém. Foi um período feliz, de descobertas – conta Laura.

O padrasto insistia para que ela mudasse a rotina. Mas nada que falava surtia efeito. Com o dia tomado e parte das noites passadas entre a sala de aula e o bar, restava a Laura fazer os trabalhos da faculdade de madrugada. Para não se deixar dominar pelo sono, misturava café com Coca-Cola e, às vezes, acrescentava uma dose de vodca de péssima qualidade. Era nessa toada que a jovem tentava dar conta de tudo.

— Olhando para trás foi uma loucura. Eu bebia muito, vivia na rua, não dava satisfação a ninguém. Nem minha mãe nem meu padrasto acompanhavam meu dia a dia na faculdade. Eles nem sabiam direito onde ficava – confessa.

Hoje, mãe e mais madura, Laura lembra desse período como um dos mais conturbados de sua vida:

— Se um jovem me pedisse um conselho, eu com certeza o alertaria para ter foco na realização de seus sonhos, não se deixando envolver nem pela bebida e muito menos pelas drogas. O álcool, por mais que pensemos que não é prejudicial, é. Atrasa o alcance dos nossos objetivos. Posso afirmar que por mais exposta que possa ter estado na juventude, nunca experimentei nenhuma droga ou me envolvi com pessoas que fizessem uso. Porém frequentei muitos lugares, nos anos 90, que exigiam foco e disciplina para não se deixar seduzir.

Laura cursava o segundo ano de Administração quando decidiu ter um lugar só seu, para onde pudesse ir sempre que desejasse ficar em paz e renovar as energias. Entre o pouco que restou do patrimônio deixado pelo pai havia um terreno na Chapada dos Guimarães, um dos mais procurados destinos de ecoturismo do país. Desde criança Laura gostava de ir à Chapada, sentia atração pelos paredões de pedra alaranjados típicos da região. Para espantar o calor, tomava banho de cachoeira, nadava no rio. A ideia era construir uma casa pré-fabricada, bem mais em conta do que uma construção de alvenaria.

Vinha amadurecendo a ideia desde que conhecera uma empresa especializada em uma feira agropecuária.

Não contou nada para ninguém, nem mesmo para a mãe. Laura era emancipada desde os 17 anos e, portanto, podia dar o destino que quisesse ao que lhe pertencia por herança. Impetuosa, começou a erguer a casa no centro da propriedade e não se deu conta de que não era a única dona: uma parte era dela, a outra de Mônica. Ela deveria desmembrar a área antes de iniciar as obras, mas não o fez. Resultado: parte da construção ocupou um pedaço da propriedade da irmã, que ficou uma fera.

— Eu não fiz por maldade, mas ela ficou furiosa, brigou muito comigo. Na época gastei uns 5 mil reais, dinheiro que eu não tinha, para fazer o desmembramento e a nova demarcação dos terrenos. Providenciei as novas escrituras, organizei a documentação no cartório e entreguei a ela o lote devidamente regularizado – diz Laura.

Situação legalizada, Laura concluiu a casa de 68 metros quadrados, com dois quartos, dois banheiros, sala, cozinha e varanda. Mais complicado do que construir a moradia foi levar energia elétrica à propriedade. A rede não chegava até o local. Não teve dúvidas: foi até a Amper Construções Elétricas e pediu ao tio Armando que lhe cedesse um transformador.

— Ele não fez objeções. Chamou o funcionário, mandou colocar o equipamento no caminhão e fazer a instalação. Lá fui eu feliz da vida. Instalei o transformador, fui à concessionária pedir a ligação e garantir energia para a rua toda – lembra Laura.

Dias depois, ao cruzar com a nova moradora da Chapada, um gerente do Banco Boa Vista não se intimidou em perguntar: "Foi você que arrumou o transformador para a rua?". Laura respondeu que sim e emendou que era sobrinha de Dante de Oliveira, então prefeito de Cuiabá. Ao que o bancário retrucou: "Ah! Está explicado, é um transformador do governo". Com o semblante enfurecido, Laura reagiu: "Não peguei nada do governo, estava encostado no depósito da empresa do meu tio". E tratou logo de encerrar a conversa.

A casa da Chapada virou refúgio de fim de semana. Era lá que Laura se reunia com os amigos, fazia festas e recarregava as baterias. O fim da construção coincidiu com a ida dela para a chefia do cerimonial da prefeitura e, mais tarde, com a abertura da M2 Marketing e Assessoria em Eventos, empresa que virou referência em Cuiabá.

— A casa da Chapada tem um significado muito especial porque foi uma das primeiras empreitadas que eu toquei sozinha. Eu corri atrás, juntei o dinheiro, acompanhei a construção. Também me aproximei ainda mais do tio Dante. Ele gostava muito da Chapada. Nos fins de semana, chegava às 6h15 da manhã e gritava: "Acorda, vamos andar de bicicleta". E a gente saía pedalando. Eu criei um vínculo muito grande com aquele lugar, a ponto de querer ser prefeita da Chapada – conta Laura.

Com a cabeça fervilhando de ideias, Laura não demorou a perceber que a propriedade poderia ser muito mais que um lugar para ter paz e descansar. Dava para ganhar dinheiro ali. E se instalasse um camping?, pensou. Alexandre, com quem estava prestes a engatar um namoro, foi o primeiro a apoiar. Como sempre gostou das coisas bem certinhas, tratou de abrir uma empresa antes de preparar a estrutura. O camping começou a funcionar no dia 24 de julho de 1994. Foram apenas seis meses de operação, o suficiente para Laura fazer um caixa razoável e colecionar histórias.

— Gramei tudo, até o terreno da Mônica. Melhorei a infraestrutura e nem precisei fazer muita propaganda. Logo o povo começou a chegar com os trailers e as barracas. Eu sempre fui muito impulsiva. Se achava que a ideia era boa, virava e fazia. Eu enxerguei no camping uma oportunidade para ganhar dinheiro. Dava uma trabalheira danada. Eu nunca tive habilidade culinária e era preciso fazer pão de queijo, ovos estalados. A saída foi recorrer à Marcolina, que trabalhava na casa da minha avó. Ela preparava tudo e o Júlio, que trabalhou comigo como motorista por anos, ia buscar com uma Kombi velha – conta Laura.

Júlio atendia ao mesmo tempo as demandas do camping e da M2. A mesma Kombi que transportava os alimentos preparados por Marcolina servia de transporte para as recepcionistas da empresa de eventos. Um dia, num ato de pura irresponsabilidade, o motorista assumiu o volante depois de beber e o resultado não foi difícil de prever.

— A perua estava cheia de recepcionistas e, por sorte, o Júlio sofreu o acidente batendo a Kombi depois de deixá-las em casa. O estrago foi grande. Deu perda total. Ninguém se machucou, mas foi um baita susto – relata Laura.

Fugir da responsabilidade nunca fez parte da personalidade de Laura. Longe de ficar atrás da mesa fechando contratos, ela sempre fez questão de acompanhar tudo de perto, de colocar a mão na massa se necessário. Foi assim no passado, quando muitas vezes não teve dinheiro para contratar serviços e funcionários, e continua sendo hoje, à frente de um grupo com mais de 500 colaboradores.

— A vida exige que a gente seja pau para toda obra, que vá construindo nossos sonhos passo a passo, tijolo por tijolo. Não adianta querer ser dona de um unicórnio, uma empresa de 1 bilhão de dólares, num estalar de dedos. É preciso pavimentar a trajetória, ter coragem para dirigir Kombi velha, correr atrás, fazer acontecer. Você tem de estar disposto a fazer o que for preciso. Se é para carregar caixa, cortar papel, negociar com fornecedor, buscar alternativas de baixo custo, estou sempre à disposição. É preciso ter resiliência para enfrentar essa caixinha de surpresas que é a vida – ensina Laura.

A vida, apesar da correria, parecia entrar na normalidade quando Laura surpreendeu a família com uma novidade: ia se casar. "Como assim?", questionou Myrian. A mãe tinha dado pouca atenção ao jovem Alexandre Lima Correa, com quem Laura vinha se relacionando havia poucos meses. Os dois se conheceram quando Laura estava terminando as obras na Chapada. Ele era quatro anos mais velho.

— Eu estava deitada no sofá, quando a Laura entrou na sala e disse: "Mãe, eu vou me casar com o Alexandre". Eu perguntei: "Você está grávida?". Ela respondeu: "Não estou grávida, mas quero sair de casa e vou me casar com ele". Eu nunca vou esquecer aquela conversa – relata Myrian.

A mãe conhecia a filha e sabia que quando ela colocava uma ideia na cabeça não havia quem a demovesse. A surpresa foi justamente por Laura nunca ter levado um relacionamento adiante, enquanto Maria namorava desde os 12 anos com Rubinho e Mônica estava há mais de seis anos com Paulo. O certo é que quando completaram cinco meses de namoro, Laura e Alexandre ficaram noivos e anunciaram a data do casamento: 7 de julho de 1995. A preferência pelo dia 7 tinha uma razão: Alexandre nasceu em um 7 de janeiro e Laura no dia 7 de abril.

A notícia pegou todos de surpresa. O doutor Paraná fez questão de presentear a neta com o vestido de noiva, confeccionado pela prima de dona Maria, a modista Maria Vieira, reconhecida pelo requinte de suas criações. À época, Dante era governador do estado, o que fez com que a cerimônia ganhasse uma dimensão ainda maior, ocupando espaço nas colunas sociais.

Quando assinou a certidão de casamento, no dia 5 de julho de 1995, no cartório de paz localizado próximo ao edifício Maria Joaquina, tendo Dante de Oliveira como um dos padrinhos, Laura tinha 22 anos. A cerimônia religiosa foi marcada para dois dias depois, uma sexta-feira, às 10 horas da manhã. Os noivos fizeram questão de organizar e pagar a festa, realizada na chácara de um amigo – onde hoje está instalado o mirante Morro dos Ventos –, de onde se tem uma das mais lindas vistas da Chapada dos Guimarães.

Os mais de 700 convidados, entre familiares, amigos, políticos e gente da sociedade cuiabana, aguardavam ansiosos a chegada da noiva. Conduzida pelo padrasto José Ademir Rafael, Laura transmitia segurança. Estava feliz!

— A cerimônia foi tradicional, com direito a vestido branco, marcha nupcial, pajem e dama de honra. Foi a coisa mais linda do mundo. De lá, seguimos para Angra dos Reis. Ganhamos do meu tio Arlindo Pinto de Oliveira – carinhosamente chamado de Mindó, grande amigo do meu pai Bernardo, que morreu com 100 anos – uma semana em um hotel, mas nós pagamos as passagens. Essa foi a nossa lua de mel. Na verdade, pouco antes do casamento tínhamos viajado para o México. Passamos duas semanas em Cancun, foi a minha primeira viagem ao exterior – revela Laura.

Alexandre não só apoiava as ideias empreendedoras de Laura como ajudava a colocá-las em prática. Eles tinham poucos meses de casados quando a situação financeira apertou. O prazo para quitarem uma dívida alta estava quase terminando quando Laura resolveu organizar uma festa com cobrança de ingresso na Chapada. Propôs parceria ao dono da chácara onde havia realizado a festa de casamento. A região se preparava para sediar o Festival de Inverno e a melhor data seria às vésperas da abertura do evento.

— Foi um sucesso. Não conseguimos atender todo mundo, tivemos de suspender a venda de ingressos. A festa do Preto e Branco reuniu mais de 300 pessoas, repercutiu muito na região – lembra Elsuir de Almeida, a Sula.

O evento não só fortaleceu a imagem da M2 como rendeu um bom dinheiro, recorda Laura:

— Arrecadamos 20 mil reais. Dividi os lucros com o dono da Morro dos Ventos e voltamos para casa com aquele montão de dinheiro. Paguei as contas. Numa outra vez, promovi um café colonial; noutra, uma feijoada, que também deram certo. Eu nunca perdi dinheiro com eventos.

O casal tinha muito em comum. Os dois revelavam um forte perfil empreendedor, trabalhavam em mais de uma frente e dividiam o sonho de alcançar a estabilidade financeira. Além de representante comercial da Alcan Alumínio, Alexandre era sócio de uma empresa especializada em sinalização de asfalto e placas de trânsito. Laura dividia o tempo entre a chefia do cerimonial e as atividades da M2.

— Foi uma união muito legal, porque nós dois trabalhávamos, olhávamos para frente. Compramos um apartamento no centro de Cuiabá. Faço questão de mantê-lo, mesmo recebendo um aluguel baixo. Tudo o que eu conquistei procuro conservar. Eu não gosto de desistir, de fracassar, me desfazer do patrimônio que conquistei – afirma Laura.

Com a M2 Eventos crescendo e se firmando no mercado, a agenda de Laura ficava cada vez mais apertada, sobrando pouco tempo para a faculdade. Para complicar, o período que Laura estudou na Federal, entre 1992 e 1995, foi marcado por greves, que acabaram impactando no calendário.

— Nós fizemos três semestres em um ano, com apenas uma semana de intervalo entre um e outro. Eu brinco que fui aprovada por empurrão, não por média. Peguei dependência em uma única matéria, Estatística, porque eu faltei em várias aulas, perdi a prova trabalhando em um evento. Tive de fazer segunda chamada e acabei reprovada na disciplina. Foi duro, mas consegui concluir a faculdade junto com a turma – recorda Laura.

A família compareceu em peso à cerimônia de colação de grau, realizada às vésperas do Natal, no dia 23 de dezembro de 1995. Aos 22 anos, Laura tinha um diploma universitário nas mãos e muita energia para crescer como empreendedora. Primeiro degrau, a M2 Eventos levaria a jovem empresária a patamares bem mais altos.

CRIANDO FORÇA PARA VOAR ALTO

Trabalhar e estudar sempre será a combinação perfeita, em qualquer tempo da vida. Trabalhar naquilo que gosta nem sempre será uma opção. Devemos encontrar tempo, imaginação e iniciativa para gerar algo novo e diferenciado. Aprenda a ler você mesmo. Conheça a si mesmo e busque seus anseios.

GALERIA DE FOTOS

1

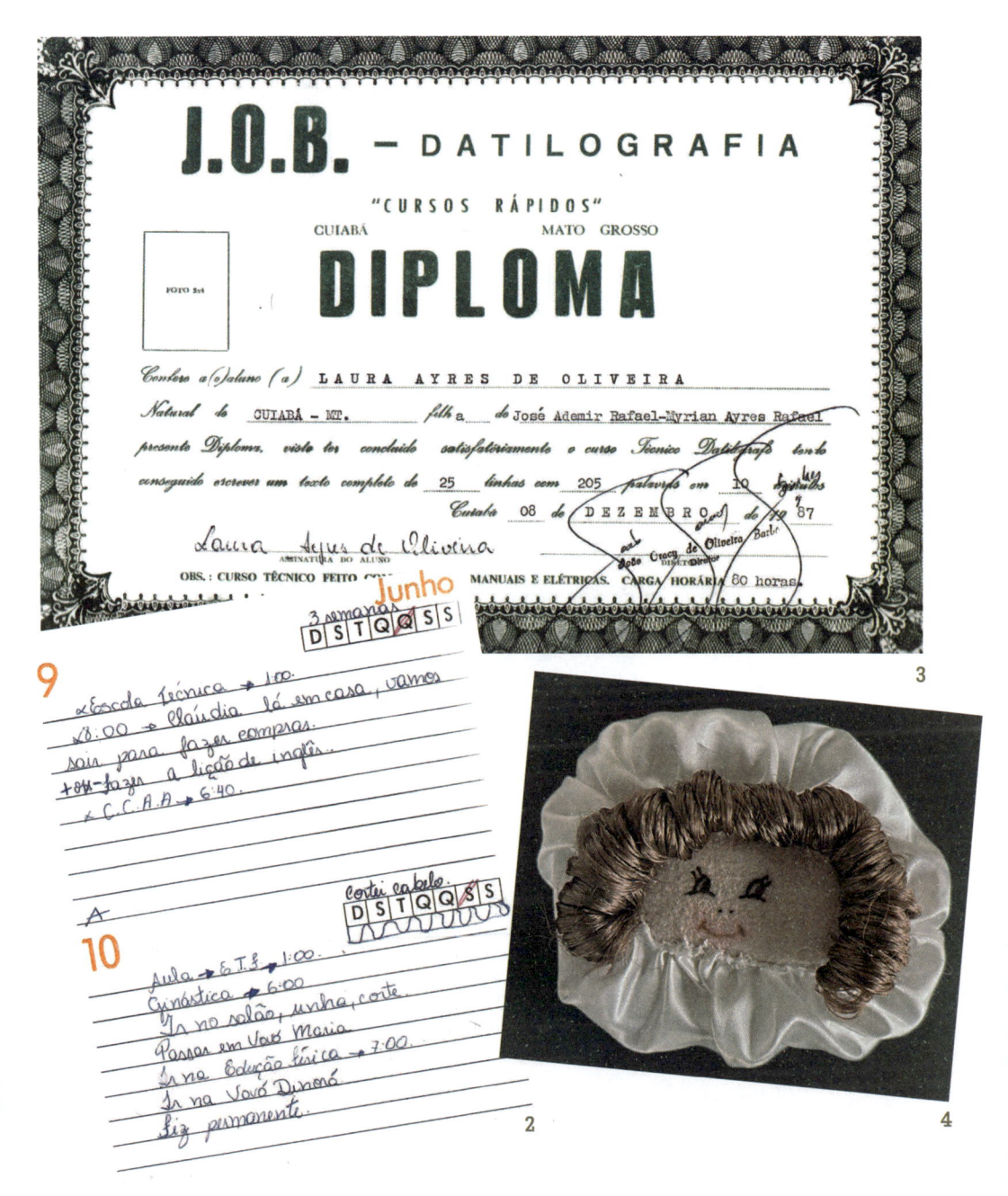

1. A religião sempre esteve presente.
2. Agenda organizada dia a dia.
3. Diploma de datilografia aos 14 anos: uma exigência para profissionais da época.
4. Bonequinha de sabonete: primeiros passos no empreendedorismo aos 15 anos.
Acomodadas em caixas de camisa, as bonequinhas eram comercializadas na
feira da Praça da República, Cuiabá.

1

1. Laura guarda com carinho os diários e agendas da adolescência.

2. Primeiro registro profissional na CLT: recepcionista bilíngue na Turimat.

3. Histórico escolar do curso de Eletrotécnica.

4. Certificado de Marketing Político: a política sempre despertou o interesse de Laura.

5. Ato de nomeação para o cargo de Chefe do Cerimonial, assinado pelo prefeito de Cuiabá, Dante de Oliveira.

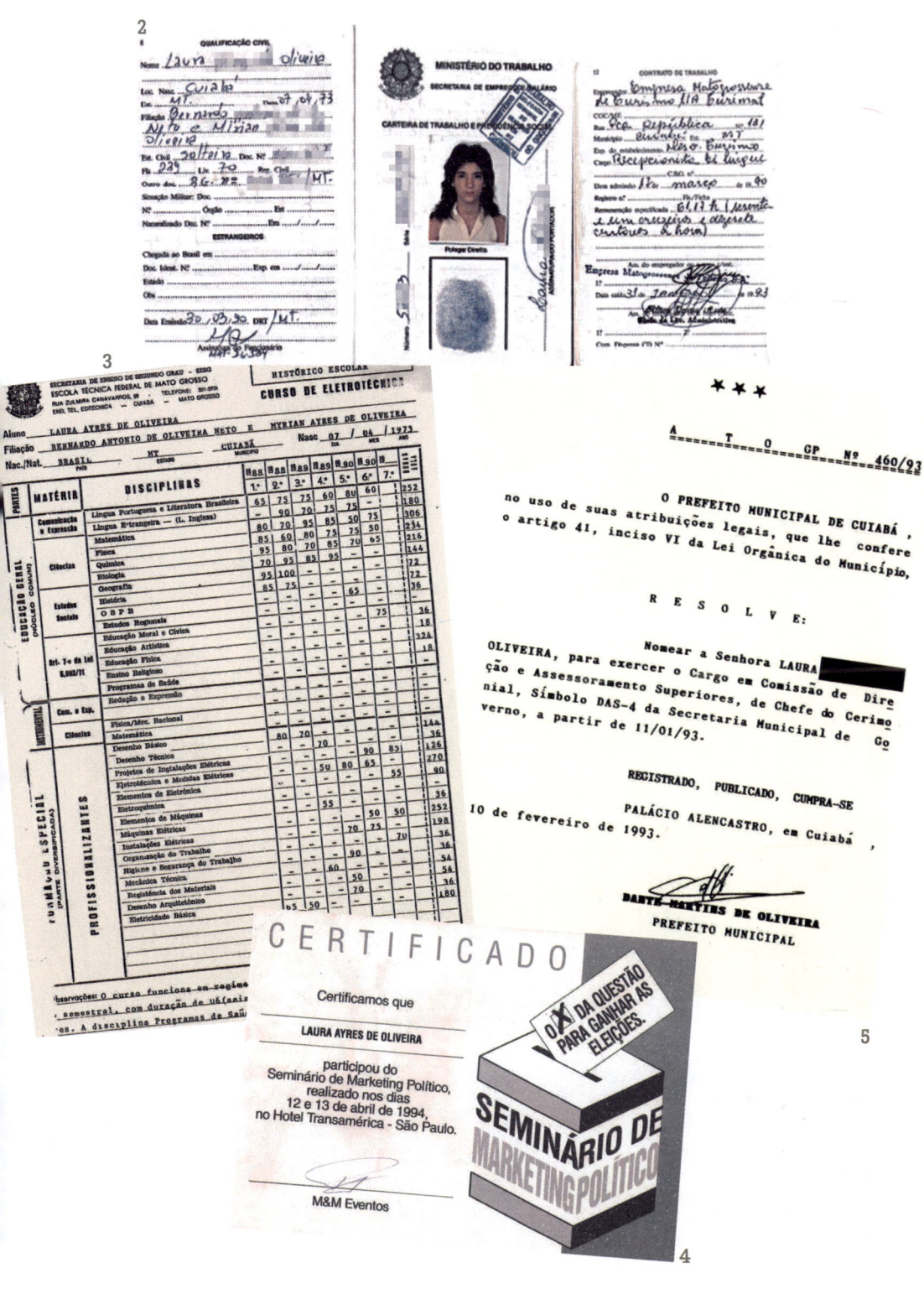

1

TAMIRES FERREIRA

OSU

Para os que apreciam a harmonia dos deuses, a Orquestra Sinfônica da Universidade Federal de Mato Grosso (OSU) está preparando um programa pra lá de culturette. É muito afinadíssimo, mesclando partituras eruditas sem que ninguém tenha que desembolsar sequer um níquel. O público poderá assistir, até o final do ano, a uma série de concertos de câmara.

Sem maestro temporariamente, a OSU driblou a crise e se subdividiu em quartetos, quintetos e camerata. Os primeiros eventos fervilharão a partir de amanhã, às 17 horas, e sexta-feira, às 20 horas, no Teatro Universitário. Um verdadeiro bálsamo para os ouvidos e corações. É imperdível.

Moda

As estrelas que brilham nos meios sociais da capital não vão precisar trocar de maquilagem para assistir ao desfile da coleção primavera/verão da Corpo e Arte, com os últimos lançamentos das roupas que levam a marca Viva Vida, considerada pelas mulheres de bom gosto a melhor do eixo São Paulo/Rio no momento.

O desfile terá como palco o Hotel Eldorado, no dia 8 de agosto. Será de fazer inveja aos acostumados com o luxo-fusco dos fotógrafos e das câmeras. Com produção de Edson Guilherme, quem pilota é a elegantíssima Silvia Lino.

A mostra será apenas para convidadas, literalmente escolhidas a dedo. Após o desfile, será servido um jantar para 300 talheres.

Os recém-casados Alexandre Corrêa e Loara, também presenças confirmadas na Feijoada de Inverno.

Noivado

Após alguns desencontros, Ellen Biancardini e Marcelo Siqueira (Tarumã) finalmente ficaram noivos, na última segunda-feira. Pelo que tudo indica, o casório está marcado para quando dezembro chegar. Na mesma noite foi comemorado o aniversário de Ana Tereza Biancardini.

Desejamos um mundo de realizações para os jovens noivos.

PONTO FINAL.

Entraram em greve os colégios estaduais, por falta de pagamento. Os professores e servidores decidiram pela paralisação até que o governo pague os salários de junho.
****

Uma nova e luxuosa casa de espetáculos, a Tom Brasil, abre as portas em São Paulo, dia 17 de agosto. Além de enorme, terá restaurante, bar e espaço dedicado às artes. Pelo que tudo indica, a inauguração será com João Gilberto.
****

A sociedade está em polvorosa, aguardando a Feijoada de Inverno que irá detonar com convidados ricos, bonitos e famosos, prometendo ser um dos maiores eventos do segundo semestre. A data, vocês já sabem, 5 de agosto, em Chapada dos Guimarães.
****

Retorna a Cuiabá, após passar alguns dias em Salvador (BA), Gisele Biancardini Reuter, que foi em companhia da família da primeira-dama de São Paulo, a senhora Lila Covas.
****

Marúcia Meyer Liotti comemora nesta quinta-feira mais um aniversário. Com certeza será comemorado em Chapada dos Guimarães.
****

Fazendo parte da equipe de Edmilson Eid, o jovem arquiteto Marcelo Epaminondas.

1. Como chefe do cerimonial no início da carreira.
2. Laura e Alexandre: presença constante em eventos filantrópicos e destaque nas colunas sociais.

Cerimonial
EVENTOS & RELAÇÕES PÚBLICAS

CURSO ESPECIAL SOBRE
PLANEJAMENTO E ORGANIZAÇÃO DO
CERIMONIAL PÚBLICO

CERTIFICADO

CERTIFICAMOS QUE

Laura Ayres de Oliveira

participou do Curso Especial Sobre Planejamento e Organização do Cerimonial Público, ministrado em *Recife, 26 a 28 / 05 / 93*.

Professor — Professor — Diretor da Cerimonial
Eventos & Relações Públicas

1

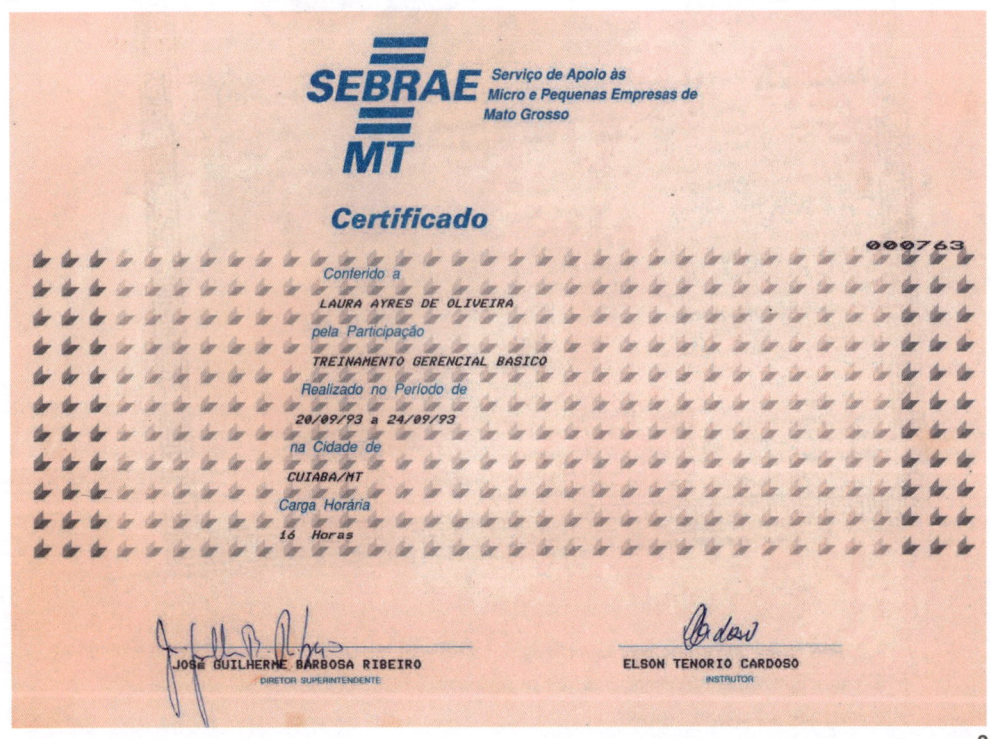

SEBRAE
MT
Serviço de Apoio às
Micro e Pequenas Empresas de
Mato Grosso

Certificado

000763

Conferido a

LAURA AYRES DE OLIVEIRA

pela Participação

TREINAMENTO GERENCIAL BASICO

Realizado no Período de

20/09/93 a 24/09/93

na Cidade de

CUIABA/MT

Carga Horária

16 Horas

JOSÉ GUILHERME BARBOSA RIBEIRO
DIRETOR SUPERINTENDENTE

ELSON TENORIO CARDOSO
INSTRUTOR

2

1. Atualização para aprimorar a atuação como chefe do Cerimonial da prefeitura de Cuiabá.

2. Cursos constantes no Sebrae para aperfeiçoamento da gestão.

3. Sula, amiga e sócia, no escritório da M2. O bebedouro foi presente da avó Maria Benedita.

4. Equipe da M2: gerenciando pessoas desde cedo.

5. Com Maria e o humorista Chico Anysio: a M2 levou grandes nomes para Cuiabá

PARTE III

A MULHER EMPREENDEDORA

A serenidade de quem alcança seus objetivos pelo próprio esforço.

1. RUMO A NOVOS DESAFIOS

McDonald's confirma franquia para 1998
A partir do próximo ano os admiradores da mais conhecida
cadeia de lanchonetes fast food *não precisarão mais se deslocar*
para os grandes centros para se deliciar com os seus produtos. O
McDonald's irá inaugurar sua franquia em Cuiabá no final de
1998. (...) Para gerenciar a primeira franquia do McDonald's
no estado cerca de 200 empresários já entraram em contato com
o escritório da Regional Centro-Oeste, em Brasília.

(Diário de Cuiabá)

Laura estava entre os 200 candidatos a franqueado da rede de *fast food* no Centro-Oeste. Desde que lera o anúncio no *Diário de Cuiabá*, publicado no dia 20 de outubro de 1997, decidira que não deixaria passar a oportunidade. As exigências eram grandes. Os interessados deveriam ter entre 28 e 40 anos, disponibilidade para dedicação exclusiva ao empreendimento e capital inicial para investimento na franquia. Ela sabia que não atendia a todos os requisitos, mas resolveu arriscar.

A jovem acreditava que a franquia seria um degrau importante para concretizar o sonho de ser uma grande empresária, de crescer como empreendedora. Já havia passado por muitos desafios a fim de atingir seus objetivos. Em 1997, quando a chegada do McDonald's à capital de Mato Grosso foi confirmada, a M2 Eventos tinha três anos e meio e somava um faturamento médio anual de 450 mil reais. Era um negócio de sucesso. Laura, porém, tinha sonhos mais ambiciosos e estava disposta a diversificar as operações. Começou a alimentar fortemente a ideia de entrar para o *franchising* quando foi passar uns dias na casa de Mônica, que havia se mudado para Brasília com o marido.

— Na época, eu era casada com o Alexandre. Ele estava esperando receber um dinheiro de uma empresa que havia aberto com meu tio Luiz Carlos. A empreitada não rendeu o resultado esperado e a parceria se desfez. A ideia era usar o que ele tinha a receber pela venda de parte da sociedade na compra de uma franquia – conta Laura.

O casal não sabia ao certo em que ramo investir. Ao circular pelo Shopping Conjunto Nacional, em Brasília, depararam-se com uma loja da Brooksfield, especializada em moda masculina. Não tinha nada semelhante em Cuiabá e a possibilidade de ter uma loja pioneira despertou o interesse de Laura. Antes de seguir adiante na pesquisa, decidiu consultar o marido de Mônica, que sabia como funcionava uma franquia, pois estava à frente de três restaurantes do McDonald's no Distrito Federal e podia orientar sobre a melhor opção.

— Sem rodeios ele me falou: "Esse negócio de moda masculina pode não dar certo, mas eu tenho uma ideia. Estou sabendo que haverá uma seleção para o McDonald's em Cuiabá, por que vocês não tentam?". Eu tomei um susto, não imaginava investir num negócio desse porte. Eu não tinha dinheiro para tanto. Pensava em comprar uma franquia, mas nada tão grandioso – lembra Laura.

Entre a sugestão do cunhado e o anúncio do McDonald's não se passaram seis meses. Laura, que descartara a ideia num primeiro momento, passou a pensar na proposta com carinho e foi em frente. Juntou os documentos, fez a inscrição e aguardou o dia da conversa presencial no Hotel Eldorado – hoje Hotel Deville –, na região central da cidade. Na visão do cunhado, Laura tinha o perfil de franqueado que a marca buscava e as chances de ser aprovada eram grandes.

— O salão do hotel estava lotado. Eu estava muito ansiosa, mas procurava o tempo todo demonstrar naturalidade. Ouvi com atenção a palestra proferida pelo Fábio Prates, que era o diretor de Operações Regional Centro-Oeste do McDonald's. Depois de detalhar as principais características do sistema de franquia, o funcionamento da rede, explicou detalhadamente as atribuições e responsabilidades de um franqueado. Confesso que me surpreendi quando ele revelou que eram centenas de candidatos, de várias cidades do estado. Alguns, porém, deixaram a sala assim que a palestra acabou, talvez por não acreditarem que dariam conta de tamanho desafio – recorda Laura.

Responsável pela prospecção de futuros franqueados e abertura de novos mercados, Fábio não esquece o episódio porque em suas incursões por Manaus, Belém, Campo Grande e interior de Minas Gerais praticamente não se encontravam mulheres no processo seletivo. Por isso, a presença de Laura foi uma surpresa:

— De cara vi que fugia do perfil que costumávamos selecionar, isto é, interessados com experiência de pelo menos 10 anos em varejo e gerenciamento de pessoas, alta performance como funcionário ou à frente do próprio negócio. A Laura não tinha nada disso, o apogeu tinha sido trabalhar no cerimonial de um governo local. Mesmo assim, resolvi pagar para ver.

O burburinho estava alto quando o representante do McDonald's pediu silêncio e comunicou que, após a análise das fichas, 60 candidatos tinham sido selecionados para a segunda etapa. Os nomes foram anunciados um a um e, para alegria de Laura, ela estava na lista. O processo era semelhante às dinâmicas de seleção de emprego em grandes companhias: trabalho em grupo, cumprimento de tarefas, entrevistas individuais.

Laura não se intimidou, garante Fábio:

— Na sequência de entrevistas individuais, eu me surpreendi com a energia dela, com a segurança que tinha com tão pouca idade, com a tenacidade que ela revelou. Laura trabalhava com eventos, não tinha nada a ver com varejo. Na primeira pergunta, ela foi direta: "Eu não atendo o público, mas me envolvo com pessoas, porque organizo cerimonial". Eu insisti mais de uma vez: "Você é muito jovem, não tem experiência, você tem de voltar mais tarde". Ela foi firme: "A hora é essa, se eu tiver de mudar de cidade, eu mudo".

Ter empatia e gostar de lidar com pessoas nas mais diferentes situações são pilares de sucesso de uma franquia de *fast food*. Sem essa sinergia dificilmente o negócio vingará e a parceria franqueador-franqueado não será duradoura. Dorival Pereira de Oliveira Júnior, vice-presidente de Franquias do McDonald's no Brasil, costuma dizer que essa é uma das principais barreiras para os interessados em ingressar na rede:

— O nosso negócio é 24 horas lidar com pessoas. É preciso gostar de gente, de conversar, de interagir, ter aptidão e gostar de trabalhar com varejo. Ao mesmo tempo, tem de cultivar uma preocupação exacerbada com o detalhe, porque o nosso negócio é feito de detalhes.

Fábio Prates encerrou a entrevista com a certeza de que Laura não podia ficar de fora da próxima fase. Apesar do currículo limitado, ela tinha tudo para ser uma boa franqueada. O executivo era experiente e seu *feeling* não costumava falhar.

— Dos 60 selecionados restaram apenas 10, entre eles, eu. Na última etapa foram anunciados os candidatos que participariam do *On the Job Experience* (OJE), em português, "Uma experiência de trabalho", que aconteceria três dias depois num restaurante do McDonald's. Mais uma vez, fui selecionada – recorda Laura.

O treinamento seria em Brasília, o que demandava investimento em tempo e gastos. Laura se organizou para deixar a M2 Eventos sob a coordenação de Sula, à época supervisora, e embarcou para a capital federal. Hospedou-se no apartamento da irmã. Na data marcada, foi uma das primeiras a chegar à loja 114 Sul, onde aconteceria a capacitação. Lá se juntou a outros candidatos de Minas Gerais, Pará e Mato Grosso. Não sabia sequer qual loja passaria a operar caso fosse aprovada, a única certeza é que seria no Centro-Oeste. Laura lembra desse dia em detalhes:

— Tinha umas 10 pessoas, entre elas o Edmundo Massoni, que também é de Cuiabá. Eu cheguei de esmalte vermelho, bronzeada, com o cabelo solto. Eles pediram para ir com roupa confortável e eu respeitei.

Fui de calça jeans, camiseta branca e tênis, o que me deixava com uma aparência ainda mais jovem.

Foram três dias de trabalho pesado. Quem enfrenta o OJE e passa no teste, prova que é capaz de ser um bom operador, um guardião da marca. O que isso significa? Que em qualquer lugar que o franqueado esteja, dentro da loja ou a quilômetros de distância, sabe zelar pela imagem do McDonald's. Isso vale para ações simples, como recolher um guardanapo que encontre na calçada, ou para demandas mais complexas, como a maneira como se administra o restaurante. Para mostrar como tudo deve funcionar 24 horas por dia, o treinamento é extremo, passando pelas diversas áreas da loja.

— Eles colocaram todos para lavar banheiro, para limpar o salão, passar pano, ficar por horas preparando as carnes. Naquele tempo, as chapas não eram automatizadas, era preciso selar a carne, um lado de cada vez. O braço doía. No fim do primeiro dia, um dos integrantes do grupo desabafou: "Tenho três MBAs, falo quatro idiomas e me mandam ficar atrás de uma chapa. Não é isso que eu quero para mim. Estou indo embora". E saiu, acompanhado por outro candidato. Eu era a única mulher no grupo e me mantive firme. Quando começo algo não desisto até chegar ao final. Sou dura na queda – afirma Laura.

Depois de quase 12 horas de trabalho e muita tensão, Laura chegou exausta no apartamento da irmã. Não sabia se teria condições de enfrentar mais dois dias na mesma toada. Estava certa, pois a etapa seguinte do treinamento seria ainda mais desgastante, exigindo muito equilíbrio emocional.

— O segundo dia foi reservado ao gerenciamento da cozinha, tarefa que eu acreditava tirar de letra, porque estava acostumada. Me enganei. Eu ia colocando ordem e eles vinham desarrumando, parecia pegadinha. Fui me mantendo equilibrada até que veio um sujeito e derramou o mix de baunilha, a mistura usada no preparo do sorvete e do *milk shake*, na cozinha inteira. O Fábio olhou aquela sujeira e falou: "Que bagunça é essa?". "Você vai deixar o seu restaurante operar desse jeito?". Ele acabou comigo, fiquei desconcertada, comecei a tremer. Eu pensava: meu Deus, me ajuda, o que eu devo fazer? – conta Laura.

Depois de despejar a bronca, ele exigiu que ela desse um jeito na cozinha, porque os pedidos estavam se acumulando no salão.

— Eu peguei o esfregão e comecei a limpar. Mesmo assim, ele insistia que eu precisava fazer as coisas corretamente. Foi quando eu perguntei: "Você quer que eu deixe tudo no lugar?". Antes que ele respondesse, emendei: "Então, a primeira coisa que você deve fazer é parar de dar ordens para a sua equipe bagunçar o que eu acabei de arrumar. Eu quero todo mundo fora da cozinha. Fiquem atrás do balcão". Praticamente aos gritos eu disse: "Se você quer que eu arrume tudo, me dê um tempo, tire todos daqui, que eu coloco tudo em ordem. Se eu não der conta, você peça para eu sair" – recorda.

Laura estava cansada e irritada com a bagunça generalizada, que mais parecia um cenário de guerra que se formou no *backroom*, a área reservada à limpeza dos utensílios. Tudo, claro, para testar, ao limite, a paciência da jovem.

— Quando Fábio e os gerentes se afastaram, eu chamei os funcionários e dei uma tarefa para cada um. Fui bem clara: é para fazer o que eu estou falando, quem manda aqui sou eu. Parecia uma louca, mas coloquei ordem. Depois desse ataque, eles me deram um *break*. Eu estava exausta, com fome, com sede. No fim do dia, dispensaram alguns candidatos e eu continuei – conta Laura.

O terceiro dia foi o mais importante. Os desafios estavam ligados a treinamento e gestão de pessoas. As tarefas eram distribuídas na hora. De todos que iniciaram o processo restavam apenas quatro, e dois seriam eliminados. Laura procurou focar o trabalho, dando o seu melhor, fazendo o que estava ao seu alcance, independentemente do resultado. Comemorou muito quando recebeu a notícia de que, assim como Edmundo, havia sido escolhida como futura franqueada.

— Terminei a jornada com a sensação de dever cumprido. Senti orgulho quando o Fábio falou que eu fui uma das únicas candidatas a perceber que a sequência de coisas erradas na cozinha podia ser uma pegadinha, um teste para os nervos. Ele disse: "Tem candidato que não suporta, larga tudo e vai embora. Você mostrou um comportamento diferente: no lugar de abandonar o processo, foi capaz de colocar todo mundo para fora. Ninguém tinha feito isso antes". Eu respondi: "Quem estava causando todo o problema eram vocês, nada mais justo que eu os colocasse no devido lugar". E caímos na gargalhada – recorda Laura.

Fábio afirma que a escolha de Laura foi muito questionada até o último minuto, não pelo seu desempenho, mas pelo fato de ser mulher:

— A decisão macro era minha, desde que ela correspondesse nos treinamentos, o que ela fez muito bem. Na época, se não me falha a memória, só havia uma franqueada em toda a rede.

Muito jovem, Laura não media as palavras, falava o que lhe vinha à cabeça, porém era disciplinada. Se por um lado faltava maturidade, por outro sobrava disposição para conquistar seus sonhos. Foi essa determinação que a ajudou a vencer cada uma das etapas do processo seletivo. Ter sido aprovada foi uma vitória importante.

Quando se sentou para tomar uma cerveja com a irmã e o cunhado para celebrar a vitória, Laura se deu conta de que não tinha todo o dinheiro. Havia uma esperança. Antes de fechar o contrato, ainda era preciso cumprir um período longo de treinamento, de nove meses, tempo suficiente para levantar os recursos.

Laura tinha consciência de que a rotina não seria fácil. Teria de se dividir entre Brasília e Cuiabá. A agenda da M2 Eventos estava cheia e era preciso acompanhar de perto para que nada desse errado. Mais uma vez precisava focar o financeiro para conseguir o dinheiro. Na época, tinha uma casa na Chapada, um bom carro e algumas economias – recursos que ajudariam a alcançar o valor necessário. Sula assumiu as tarefas do dia a dia da empresa, tornou-se sócia, enquanto Laura se desdobrava para dar conta de tudo, inclusive do casamento.

— Eu viajava muitas vezes de ônibus para não gastar com passagem de avião. Aluguei uma quitinete em Brasília. Comecei o treinamento em 16 de novembro de 1997. Trabalhava 10 dias com uma única folga, para conseguir passar uma semana em Cuiabá com o Alexandre. Às vezes, tinha de viajar para São Paulo para cumprir algumas etapas do processo. Foram nove meses de correria insana – afirma Laura.

Embora tivesse ido longe, ainda não era certo que Laura seria uma franqueada. Muitos desistem ao longo dos meses, outros não conseguem levantar o dinheiro e há quem seja dispensado pela franqueadora por não corresponder ao perfil. Não foi o caso dela. A cada mês, Laura se revelava mais talhada para comandar um restaurante da rede.

— Todo dia eu falava: meu Senhor, meu Deus, me ajude, me ilumine, me guarde e me proteja. Eu preciso conseguir o dinheiro. Vou fazer o meu melhor, tomara que aprenda tudo. Realizei o treinamento com muita disciplina, fazia plano de ação, entregava e ganhava o *pin* de melhor aluno. Participei de todas as visitas de departamento em São Paulo e terminei todos os cursos com menção honrosa – conta.

O processo de capacitação da franquia McDonald's é um dos mais completos entre os apresentados pelas mais de 3 mil marcas franqueadoras que operam no país. Parte do treinamento é no Brasil, mas o encerramento é feito em Chicago (EUA), onde está localizada a Hamburger University (Universidade do Hamburguer), que oferece quatro escolas de formação: Excelência Operacional, Liderança, Negócio e Desenvolvimento e Inovação. Foi lá que Laura completou o processo de capacitação e se formou em "hamburguerologia".

Os nove meses de treinamento consumiram boa parte do faturamento da M2 Eventos. Justamente por ser um período de capacitação e avaliação, o futuro franqueado não recebe nenhum tipo de ajuda de custo, tem de arcar com tudo. Isso, segundo Laura, exige jogo de cintura:

— Tinha de bancar o aluguel da quitinete e viajar constantemente para Cuiabá. Isso custava muito. Na época, a TAM fazia umas promoções-relâmpago, com passagens a 100 reais. Eu ficava atenta para não perder.

Laura, porém, continuava preocupada. Dormia e acordava pensando em como levantar a quantia necessária para fechar o contrato. Por mais que tentasse, Alexandre não recebeu o dinheiro esperado por sua parte na sociedade, o que deixou a situação ainda mais tensa. A saída foi vender a casa da Chapada, o carro, pegar as economias e, ainda, aceitar a ajuda do cunhado para completar o que faltava. Não se tratava de um simples empréstimo, mas da constituição de uma sociedade. Assim nasceu a LMO Comércio de Alimentos Ltda., que tinha como sócias Laura e a irmã.

— Na época, era possível levantar parte do dinheiro com uma linha de crédito especial do Banco de Boston para completar o valor.

A quantia não podia ser superior a 20% do total. Peguei o máximo que deu. Só de taxa de franquia foram 60 mil dólares, o equivalente a 69 mil reais à época. Só fiquei sabendo que seria franqueada em Taguatinga, a maior região administrativa do Distrito Federal, quando paguei a taxa de franquia. Ia ficar à frente da mesma unidade em que realizei o treinamento – conta Laura.

Isso não é comum na rede. Exceções acontecem e Laura foi uma delas. Tinha muito a comemorar, afinal conhecia a unidade no detalhe, estava familiarizada com a equipe e tinha gostado do ponto. Além disso, não se importava de trabalhar numa cidade-satélite de Brasília. Taguatinga fica na periferia e Laura estava acostumada com esses ambientes desde quando fazia trabalho voluntário e acompanhava o tio Dante de Oliveira nas campanhas políticas. Ela se tornou oficialmente franqueada do McDonald's em 1º de outubro de 1998.

A abertura da loja no Alameda Shopping foi uma correria danada. Era uma unidade pequena, com baixo movimento, que Laura imediatamente tratou de reverter. Nas primeiras visitas do consultor de campo, deixou claras suas intenções:

— A loja vendia muito pouco, cerca de 230 mil reais por mês. Eu sempre fui muito dedicada, comprometida, e tinha certeza de que era possível faturar mais. Falei que dobraria o valor. O Barros, o consultor na época, deu risada e disse: "Vá com calma, a loja é muito pequena, você não tem experiência". Eu ficava quieta, fingia que concordava, mas no fundo estava pensando o que era possível fazer para mudar. Fiz folheto, trabalhei a região e, em dezembro, dois meses depois de ter assumido a franquia, faturei 440 mil reais. Nos meses seguintes, o crescimento médio foi de 35%.

Barros não só teve de aceitar que havia errado suas previsões como também abrir a carteira e pagar a aposta que havia feito com Laura. Se ela conseguisse faturar 400 mil reais nos três meses, ele a presentearia com um Royal Salute, uísque cuja garrafa pode passar de mil reais. Apreciadora de um bom uísque, ela viu na aposta uma oportunidade para levar a bebida para casa. O consultor tinha certeza de que não poria a mão no bolso. Perdeu. Espirituosa e divertida, Laura não economizou no discurso: "Quem falou que não precisava se preocupar em gastar dinheiro porque ia beber desse uísque? Que dia vai pagar a aposta?". Fábio contribuiu para que o consultor cumprisse a promessa. No final, todos ganharam com o aumento das vendas.

Laura se preocupava com detalhes, buscava caminhos para diminuir ao máximo os custos, ficava atenta ao trabalho da equipe e à satisfação dos clientes. Estava determinada a aumentar o faturamento e o fluxo de clientes. Revelava na rotina do dia a dia a sua visão de negócio. Começou a retirar um *pró-labore* de 6 mil reais, o que lhe permitiu alugar uma moradia no Sudoeste, na época conhecido como "Barroeste", um bairro novo, ainda em formação. Era um apartamento de dois quartos, em um prédio sem elevador, que ela dividia com a irmã Maria, que veio trabalhar no McDonald's do cunhado, e com uma amiga de faculdade que se mudara para Brasília. Alexandre permaneceu em Cuiabá. Os dois passaram a se ver cada vez menos. Laura não podia deixar a operação da loja por muito tempo. Na maioria das vezes, era o marido que vinha ao seu encontro.

— Foi um período muito difícil. Eu e a Maria dividíamos o mesmo quarto. Deixei para trás um apartamento de 100 metros quadrados em Cuiabá, bem localizado e mobiliado, para viver em um muito menor, apenas com o essencial. Foi preciso ser muito persistente e resiliente para aguentar algumas situações. Mas eu precisava economizar ao máximo para colocar dinheiro na franquia. Depois de um ano, quando as coisas já estavam mais tranquilas, me mudei para um apartamento melhor, com elevador, na 504 Sudoeste – afirma Laura.

A amiga Daniela Marques Echeverria lembra das dificuldades dessa época e da força de Laura para não desistir de seu sonho:

— Dizia para ela ir mais devagar, não se sacrificar tanto, agir com menos impetuosidade, porque as pessoas podiam não entender. Mas ela não ouvia, seguia com muita garra. Ela chegou em Brasília com a cara e a coragem, isso é admirável. Hoje eu tenho certeza de que ela progrediu não pelo dinheiro, mas porque queria ser grande. O lado empreendedor da Laura fala mais alto do que o financeiro.

Laura não tinha completado um ano à frente da operação quando uma loja que funcionava num posto de combustíveis distante apenas

650 metros do restaurante que administrava foi colocada na lista de repasses pela rede, ou seja, estava disponível para ser renegociada. Os olhos de Laura brilharam. Pouco tempo antes ela tinha participado de uma reunião em Osasco (SP), na sede da Martin Brower, responsável pela logística de entrega de todas as unidades do McDonald's no Brasil, e ficara impactada com a suntuosidade do espaço. Ao voltar para casa, traçou uma meta ambiciosa: ampliar sua participação na rede com mais lojas, de preferência restaurantes de grande porte. O novo negócio seria uma ótima oportunidade para colocar o plano em prática.

— Na Martin Brower tinha umas 20 pessoas ao redor da mesa de reunião. Sem cerimônia, eu falei: "Gente, um dia eu quero ter uma empresa grande, gerar muitos empregos, ter uma sala imponente como essa. Não quero só uma loja pequenininha, não". Estava feliz por ter entrado para o McDonald's, claro, mas não queria ficar apenas com uma unidade. Sempre pensei em ter um negócio grande – revela Laura.

A franquia ficava na região em que Laura operava e, portanto, pelas regras da franqueadora, a preferência na compra da loja seria dela. Apesar de recém-chegada, Laura revelava apetite típico de uma multifranqueada, disposta a crescer com várias lojas. Quando recebeu a proposta, não pensou duas vezes, recorda:

— Comprei a loja num momento em que o dólar estava 2 para 1 na paridade com o real. O preço total foi de 560 mil dólares, incluindo a taxa de franquia, ou seja, 1,12 milhão de reais. De saída avisei que não ia trabalhar com o pessoal antigo, queria contratar a minha própria equipe, que se enquadrasse no meu perfil de trabalho. Desse grupo, pelo menos cinco estão comigo até hoje.

Tamanha impetuosidade nem sempre foi (e ainda hoje não é) bem-vista, tanto pelos parceiros de rede como pela franqueadora. Com isso, Laura foi colecionando pequenas desavenças, a ponto de alguns diretores a considerarem uma rebelde. Outros, ao contrário, enxergavam benefícios nessa vontade de fazer melhor. É o caso de Dorival:

— Apesar do McDonald's ser uma empresa grande, procuramos trabalhar de uma maneira aberta, menos formal. Nesse modelo, os franqueados têm uma interação grande conosco. A Laura tem muita energia, é uma pessoa que contribui bastante. Cada vez que nos encontramos ela traz uma novidade, uma sugestão: "Olha, vi isso, vi aquilo, está acontecendo isso no mercado, precisamos ficar atentos". Da nossa parte, temos de saber ouvir, porque os franqueados nos trazem *inputs* importantes. Não podemos tomar decisões tendo como campo de visão apenas o nosso castelo em Alphaville. O Brasil é muito grande, com características e comportamentos diferentes em cada região. Como consequência, temos vários McDonald's dentro de um único Brasil.

Foi na segunda loja, adquirida em 16 de novembro de 1999, que Laura começou a sentir mais fortemente o desafio de formar uma boa equipe e usou pela primeira vez a expressão que se tornaria sua marca: "Aqui a gente tira champanhe de pedregulho!". Sem filhos e sozinha em Brasília, trabalhava *full time* para dar conta das duas lojas. Ainda era inexperiente na condução do negócio, mas tinha noção do caminho a ser percorrido. Distribuía panfletos, visitava escolas convidando alunos a participar de ações promocionais. Pôs em prática conceitos de marketing regional, que resultaram num maior envolvimento da comunidade e, consequentemente, em aumento de público e das vendas.

— O meu trabalho estava se desenvolvendo bem. Aproveitei cada minuto do processo de capacitação, procurava colocar em prática todo o aprendizado adquirido durante os treinamentos, nas minhas experiências e na faculdade. Traçava metas factíveis, mensuráveis, e focava no objetivo. Para melhorar a lucratividade, por exemplo, era preciso diminuir o desperdício do mix ou zerar a sobra de pães. Então fazia os cálculos e estipulava um prazo plausível para alcançar os resultados: nem curto, nem longo demais. Ia estabelecendo uma meta de cada vez. A recompensa vinha com os resultados positivos e o recebimento do selo de ouro, um endosso oferecido pela franqueadora para o bom trabalho realizado – afirma Laura.

Anos depois, quando Fábio Prates não era mais executivo da Arcos Dorados, e sim um franqueado da rede, ele revelou a Laura o quanto a sua postura e seu desempenho provocavam a todos.

— Ele me disse assim: "Você era jovem, intempestiva, falava tudo que pensava. Mas o que incomodava é que você chegou para promover mudanças, para tirar todo mundo da zona de conforto". Eu sempre fui um peixe fora d'água, a maioria tinha 20, 30 anos a mais do que eu e eles não estavam acostumados a ouvir críticas – lembra Laura.

O primeiro ano não foi fácil no ambiente profissional nem no relacionamento com o marido. Com pouco tempo livre e sem chances de se ausentar da operação por mais de dois ou três dias, Laura passou a viajar cada vez menos para Cuiabá. A M2 Eventos seguia cumprindo os contratos sob supervisão de Sula. Alexandre passou a viajar menos a Brasília, e a relação foi esfriando. Fábio lembra que foi um período complicado:

— Ela ficava mais de 15 horas na loja, acabava estressando a equipe. Não desligava. Eu dizia: "Vai para Cuiabá, vá ver seu marido". E ela respondia: "Mas quem vai cuidar da loja?". E eu rebatia: "O gerente. Tem o consultor de campo que pode passar com mais frequência, dar uma olhadinha". Mas ela insistia. O casamento não tinha como sobreviver.

Laura começou a amadurecer a ideia da separação quando completou cinco anos de casada. Mesmo assim, cada vez que pensava em tocar no assunto com Alexandre lembrava das palavras do avô Paraná, que insistia com a neta que antes de abrir mão de qualquer coisa é preciso tentar de tudo.

— Fiquei três anos e oito meses em Brasília esperando pelo Alexandre. Ele não avançava nos negócios e mesmo assim teimava em ficar em Cuiabá. Isso me cansou. Eu cheguei para o meu avô, a única pessoa para quem eu dava alguma satisfação, e falei: "Vovô, tenho muita admiração pelo senhor, mas não consigo mais permanecer casada". Ele me olhou nos olhos e disse: "Filha, você já lutou. Você não se casou para ficar sozinha. Vá cuidar da sua vida, porque você é muito jovem". Antes que eu pudesse respirar aliviada, ele prosseguiu: "Você foi sábia, não teve filhos. A gente não se casa para trabalhar e construir tudo sozinho, nos casamos para construir uma vida juntos". Meu avô era duro, porém sabia acolher – conta Laura.

Em julho de 2000, Laura pediu o divórcio, só assinado seis meses depois, em 19 de dezembro, um mês após a abertura de sua terceira loja, no Taguatinga Shopping. Foi a primeira a começar do zero, inaugurada junto com o *mall*, no dia 16 de novembro. Coincidentemente o mesmo dia em que, três anos antes, ela desembarcara em Brasília de um ônibus com o objetivo de se tornar uma franqueada McDonald's. Livre, Laura firmava o esboço da sua trajetória como multifranqueada.

CRIANDO FORÇA PARA VOAR ALTO

Quando temos conhecimento sobre nós mesmos, sabemos nossas forças e fraquezas. Precisamos ter coragem e responsabilidade para enfrentar as adversidades e ter disciplina para atingir nossos objetivos. Aprender todos os dias com as dificuldades e ter resiliência para atingir o sucesso que se almeja.

Convenção Mundial do McDonald's em 2004, Orlando, Flórida (EUA). Encontro da franqueada Laura com Fred L. Turner que, como executivo-chefe ajudou a transformar o McDonald's em um gigante global e apresentou o mundo ao Chicken McNugget. É visto como o arquiteto do modelo de "qualidade, serviço e limpeza" da empresa, que ajudou a restabelecer reputação da rede nos Estados Unidos e no exterior como um destino acolhedor e familiar.

Agosto de 1988, em Oak Brook, na Universidade do Hambúrguer, onde ficava a sede mundial do McDonald's, participando do treinamento inicial para assumir a franquia.

2. FIBRA PARA APRENDER E EMPREENDER

E scrito no século IX pelo militar chinês Sun Tzu, *A Arte da Guerra* teve a primeira edição impressa em um livro de bambu. A obra trata de estratégias usadas em batalhas e que ainda hoje, 11 séculos depois, são aplicadas por generais de exércitos ao redor do mundo. Mais do que isso, se tornaram uma espécie de manual para quem quer empreender com sucesso. Por um bom tempo foi o livro de cabeceira de Laura. Entre os tantos ensinamentos apresentados por Sun Tzu, o que mais chamou sua atenção foi sobre liderança. Um grande líder, na visão do militar, carrega cinco características indispensáveis:

PERSPICÁCIA – Permite ao líder identificar alterações nas circunstâncias de forma a tomar decisões rápidas, ousadas, pragmáticas e vantajosas;
AUDÁCIA – O líder necessita ser audacioso para agarrar com determinação e sem hesitação as oportunidades que surgem.

Tem de comandar sem receio e demonstrar uma
fé inabalável na vitória;
HUMANIDADE – Um bom líder deve ser humanitário.
Deve simpatizar com as tropas, reconhecer as suas
qualidades e apreciar os seus sacrifícios;
HONESTIDADE – O líder deve ser honesto para que os soldados
possam confiar na sua palavra e nunca se sentir traídos;
RIGOR – O grande líder precisa ser extremamente rigoroso,
exigente e corajoso para que os seus soldados se mantenham
sempre disciplinados e tenham receio de seu mau comportamento.

Laura absorveu a doutrina do mestre chinês com voracidade. Sabia que se não tivesse pulso firme, equilíbrio emocional e, acima de tudo, determinação não conquistaria o respeito da equipe e do mercado. O primeiro sinal de que precisaria surpreender com doses extras de resiliência veio ainda no início da jornada, quando a própria franqueadora não acreditava que ela daria conta do desafio que havia assumido, como lembra Fábio Prates:

— Os primeiros anos da Laura à frente da franquia foram muito tumultuados. A loja não era rentável e a economia passava por um momento complicado, não só no Brasil, mas no mundo. Entre 2008 e 2010 chegamos a recomprar algumas unidades de franqueados que não se sustentavam. Foi difícil para a franqueadora também, porque as aberturas que fizemos não alcançaram os resultados esperados no tempo projetado em razão da crise econômica. Mas Laura não arredava pé. Sempre dizia: "Eu vou conseguir".

Olhando para trás, Fábio afirma que Laura foi uma guerreira, de temperamento forte e alto grau de resiliência:

— Conviver com a Laura é muito difícil, nossa relação sempre foi intensa. Nós discutimos feio várias vezes, mas sempre de maneira respeitosa. Quando ela levantava a voz, eu rebatia: "Calma, vamos recomeçar. Estamos aqui para conversar". Laura sofria, mas se mantinha firme. Toda vez que recorria a Fábio para descarregar seus questionamentos, ouvia o mesmo conselho: "Você tem de ter paciência". Ser paciente nunca foi o seu forte. Com o passar dos anos, porém, foi aprendendo a ser mais paciente. Mas Laura sempre foi uma estrategista nos negócios e, na maioria das vezes, soube a hora de recuar para conseguir avançar com mais segurança. Uma das posturas para poder jogar o jogo nas mesmas condições foi investir em capacitação.

— Quando Laura chegou à rede tinha pouco conhecimento do ambiente financeiro e organizacional. Começou a se profissionalizar nas áreas em que tinha mais dificuldades. Ela vivia alucinada porque tinha de fazer cursos e a franquia demandava muito tempo – lembra Fábio.

Cursar MBA em Gestão Empresarial na Fundação Getulio Vargas (FGV) seria bom não só para os negócios, mas, principalmente, para entender mais profundamente o ambiente corporativo. Foi o que fez. À frente de lojas ainda em processo de maturação, com rentabilidade abaixo da curva, e começando a vida em Brasília, ela não tinha, porém, como pagar o curso à vista. A saída foi financiar em 12 parcelas. Mais um boleto que se somaria aos outros que ela acumulava mês a mês.

— Eu não dei conta. Tive de buscar uma renegociação antes do meu nome ser negativado. Falei a verdade, que estava começando e precisava de uma ajuda para conseguir pagar. Fiz um novo acordo, amarguei juros e o dobro de prestações. Só assim consegui concluir o curso. As pessoas não podem ter vergonha de contrair dívidas, porém devem assumir o compromisso de quitá-las. Muitos têm dívida no banco e não se dão ao trabalho de ir até o gerente para negociar. O prejuízo acaba sendo maior diante da falta de interesse em resolver o problema – afirma Laura.

Já na primeira semana de FGV Laura conheceu Ana Maria Martins Noleto Soares. À frente de uma empresa familiar, a administradora de empresas escolheu o MBA em Gestão Empresarial para aprimorar seus conhecimentos e dar um novo gás aos negócios.

— São mais de 20 anos de amizade. Nesse período eu pude acompanhar o desenvolvimento profissional da Laura, a sua busca incansável por conhecimento. O que mais me chamou atenção desde o início foi a sua força de vontade, determinação e coragem – afirma Ana Maria.

Uma das passagens que mais marcaram o início da amizade entre as empresárias aconteceu na primeira aula:

— Ela chegou e falou: "Eu não tenho muitos amigos, sou uma pessoa difícil". Aquela fala me assustou, porque quando a pessoa já chega dizendo que tem gênio forte, acaba por colocar, de saída, inúmeras barreiras. Nós éramos um grupo de 30 pessoas e não demorou para a Laura fazer amizade com todo mundo. Ela é ativa, gosta de interagir, não tem preguiça de trabalhar, está sempre disposta a fazer as coisas acontecerem, a buscar conhecimento. É isso que encanta. Nos relacionamos com frequência ainda hoje.

Saber admitir as próprias deficiências é um grande desafio. Laura não esconde que várias vezes ignorou alertas, não deu a devida atenção a uma observação. Com o amadurecimento, contudo, foi enxergando que é preciso melhorar sempre:

— É essencial cultivar o hábito da capacitação, do conhecimento. Ninguém sabe tudo e a velocidade com que as coisas mudam, principalmente no universo corporativo, é acelerada. Não dá para ficar parado. É difícil, mas levar puxões de orelha ajuda a crescer, a melhorar. Eu tenho opinião forte, mas sei ceder, porque eu gosto de aprender.

Com esse pensamento, Laura desembolsava muitas vezes 5, 6 mil reais para participar de congressos no Brasil e no exterior. Preferia aplicar o dinheiro em capacitação a fazer turismo. Nem todo mundo tem essa capacidade, consegue manter o foco, a fim de perseguir seus objetivos. Quando ainda morava em uma quitinete alugada, Laura se programou para comprar um apartamento de dois quartos. Mais adiante, voltou suas energias para obter um imóvel maior, em um bairro melhor de Brasília, até chegar ao Lago Sul, onde construiu a casa dos sonhos. A mesma lógica ela adota nos negócios.

O MBA em Gestão Empresarial foi o primeiro de uma série de cursos que Laura abraçou. Sete anos depois, em 2008, enfrentou outro MBA, na mesma Fundação Getulio Vargas, dessa vez em Administração Financeira e Mercado de Capitais. Mais estabilizada financeiramente, estudou Negociação e Liderança na Universidade Harvard, em Boston (EUA). Em 2019, disposta a aprofundar os princípios de governança no Grupo Levvo, matriculou-se na Fundação Dom Cabral, onde cursou Gestão e Varejo. E foi além: em 2020 fez o curso de Conselheira

Empresarial da FGV. Todas as formações, indistintamente, trouxeram grande alavancagem e aprendizado ao negócio.

— Eu sou teimosa, adoro um desafio. Quanto mais as pessoas insistiam que eu não entendia disso ou daquilo, mais aumentava a minha vontade de aprender, de ser a melhor todos os dias. Eles achavam que estavam me diminuindo, mas, na verdade, estavam me dando combustível para decolar. Durante todos esses anos estudei, aprendi muito, melhorei a fluência em inglês, cresci como empresária e como ser humano – afirma.

Ao mesmo tempo que avançava na capacitação, Laura procurava trabalhar o controle das emoções. Quando a neta ainda era uma menina, doutor Paraná repetia com frequência o alerta de que aquele gênio intempestivo tinha de ser contido, sob o risco de ela não alcançar seus objetivos. Laura nunca esqueceu a lição.

— Eu comecei a trabalhar o lado emocional mais fortemente. Eu já fui muito difícil. Eu não largo o osso nunca, mas aprendi a dosar o temperamento. Continuo com um gênio forte e com o "sincericídio" sempre ativado. Eu sou muito verdadeira e espontânea. Eu não falo o que as pessoas desejam ouvir, eu digo o que penso. A maioria não gosta, o que acaba provocando atrito. Comigo nunca tem meio-termo, ou as pessoas gostam muito ou me desprezam. No passado isso me incomodava muito, hoje não. Ignoro e me afasto – admite.

Boa parte desse equilíbrio Laura credita à prática do tênis, um esporte que despertou seu interesse ainda na adolescência, quando olhava de longe a elite cuiabana nas quadras do Cuiabá Tênis Clube. Sonhava um dia aprender a jogar, virar tenista. Naquela época, contudo, não tinha condições de fazer o esporte nem de frequentar o clube. Aos 30 anos, realizou o sonho, sob a orientação de Paulo César Lopes Guimarães. Carioca, residente em Brasília, ele trocou a banca de advocacia pelas quadras.

— Na nossa primeira conversa eu senti que a Laura empresária precisava dessa válvula de escape. Ela tinha três lojas na época, estava começando a escalada no McDonald's, mas já tinha uma ideia bem consolidada do que queria no futuro, aonde queria chegar e qual trajetória devia percorrer para alcançar seus objetivos – diz Paulo César.

O treinador lembra que Laura era muito fechada. Os diálogos se restringiam aos fundamentos do tênis aplicados em quadra. Aos poucos foram quebrando o gelo e selaram uma grande amizade, orgulha-se Paulo César:

— Ela precisava de alguém para conversar, trocar ideias, que soubesse ouvir e entendesse seus sentimentos e aflições, que a aconselhasse em alguns pontos. Fomos construindo essa interação passo a passo. Hoje, não tenho dúvidas: a Laura tem um grau menor de ansiedade. Óbvio que isso não se deve apenas ao tênis, mas a prática esportiva ajudou muito.

Desde a juventude Laura pensava grande. Isso valia tanto para o mundo dos negócios quanto para o cotidiano. Certa vez, pediu à mãe uma roupa de esqui. Myrian pensou que a filha queria um traje para uma festa à fantasia. Ficou surpresa quando Laura revelou sua intenção: "Eu quero esquiar na Suíça". A mãe deu risada e respondeu: "Na Suíça não tenho condições. Se você quiser, pode esquiar no Chile". Na prática, Laura traçou uma meta ousada e alinhavou as estratégias para alcançá-la, mesmo que por etapas. Na concepção da empresária, não existe MVP (Produto Mínimo Viável) tão em voga com a expansão das *startups*. Ela sempre quer algo completo, que supere as expectativas, porque se partir apenas do MVP a entrega será mínima, enquanto ela deseja o máximo.

— As limitações e condições que colocamos na vida vão norteando quem somos e quem nos tornamos. Tudo o que me proponho a fazer tem de ser o melhor, tem de ser bem-feito. Eu não gosto de pensar na média, porque se fizer isso, continuarei pequena. Entretanto, se eu pensar grande, estarei acima da média e conseguirei algo extraordinário. Então, eu tenho de colocar os pés no chão, encarar a realidade e seguir em frente com o que for de qualidade, com o que fará a diferença. O que é mediano eu deixo para trás – afirma Laura.

Quem pensa grande espelha-se nos mais bem-sucedidos. Laura tem seus eleitos desde a juventude, quando dava os primeiros passos como empreendedora à frente da M2 Eventos.

— Eu não era assinante da revista *Exame*, mas lia todas as edições que encontrava. Eu sempre me inspirei em coisas grandes, em empresários vitoriosos, que construíram verdadeiros impérios. Eu me lembro que, em 2004, guardei uma revista que trazia uma reportagem com o Ricardo Mansur, que foi dono dos magazines Mesbla e Mappin. Ele tinha uma casa de 22 quartos. Eu achava o máximo – lembra Laura.

Laura acompanhou o crescimento do Magazine Luiza, comandado por Luiza Helena Trajano. Sonhava um dia estar à frente de seus negócios com a mesma firmeza da empresária de Franca, interior de São Paulo. Mal podia imaginar que anos depois dividiria o palco com Luiza Helena em palestras sobre empreendedorismo feminino. Sempre que possível, Laura participava de seminários, nem piscava diante de histórias como as da Nike, Visa e Natura. Também não perdia uma entrevista com o banqueiro Joseph Safra, na *Forbes*, e lia tudo sobre o consultor americano Jack Welch, além de ter uma especial atração por Warren Buffett .

— Eu li o livro *O Tao de Warren Buffett: a sabedoria e os princípios de investimento*, do gênio das finanças mais de uma vez. Eu queria descobrir como empresários poderosos como ele construíram seus impérios, queria aprender – lembra Laura.

A sede de aprendizado algumas vezes a levou a tomar atitudes inesperadas, a partir para a ousadia. Certa vez, depois de ler uma reportagem sobre Elie Horn, fundador da Construtora Cyrella, na revista *Isto É*, ficou impactada com os ensinamentos do empresário. Sentiu vontade de conhecê-lo pessoalmente, pois queria aprender com ele. Sem cerimônia, pegou uma linda caixa vermelha, colocou algumas peças criadas no projeto Jeans do Bem, do Grupo Levvo, um exemplar da revista e despachou para a sede da construtora com uma carta escrita à mão, com a seguinte mensagem: "Se tudo o que o senhor diz na entrevista é o que faz mesmo, eu quero lhe conhecer".

— Quinze dias depois, toca o telefone e do outro lado da linha estava a secretária de Horn. Tomei um susto quando ela disse que ele gostaria de falar comigo e o pôs na linha. Com um sotaque carregado ele disse: "Você me desafiou. O que você quer?". Eu respondi que queria conhecê-lo, aprender um pouco das coisas que ele praticava. Ainda sem entender muito bem, ele falou: "Você quer dinheiro?". Eu imediatamente rebati: "Não, dinheiro eu já tenho, graças a Deus". Ele deixou escapar: "Sério?". E, depois de uns segundos de silêncio, que para mim pareceram uma eternidade, ele me convidou para um café na sede da Cyrella, na avenida Faria Lima, em São Paulo. Ele me ensinou muitas coisas, me deu alguns livros para ler e disse: "Se não seguir meus conselhos não precisa voltar". Claro que eu segui. Guardo ensinamentos preciosos, entre eles a leitura de algumas obras estratégicas, como *A Sabedoria de Rebe: rumo a uma vida significativa*, de Menachem Mendel Schneerson. É sensacional, foi um divisor de águas – conta Laura.

Elie Horn não foi o único a receber a caixa vermelha. Uma dezena de personalidades foi agraciada, porém poucas deram retorno. Com as que responderam Laura estreitou a ligação, fez reuniões, tomou vários cafezinhos. Com cada uma aprendeu um pouco.

Adaptada a Brasília e mais preparada para os negócios, Laura foi revertendo rapidamente os resultados das duas operações do McDonald's. Os números, que no início do processo insistiam em ficar abaixo da média, foram crescendo a ponto de chamar a atenção da franqueadora, lembra o vice-presidente de franquias do McDonald's Dorival de Oliveira Júnior:

— Ela foi operando bem os restaurantes, fazendo caixa, ganhando condições financeiras para crescer na região. Era uma área com boas oportunidades não só em Taguatinga, mas também em Águas Claras. A Laura se diferenciava e ainda se diferencia pela energia, pela vontade que tem de fazer as coisas acontecerem. Brasília é uma região de difícil adaptação. Não é qualquer pessoa que consegue. Eu brinco que é preciso ter apetite de Big Mac na maior parte do mês porque, caso contrário, não terá futuro na rede. Varejo é isso: é quantidade, é esforço. E posso dizer sem medo de errar que a Laura tem esse apetite.

Com fome de Méqui Laura inaugurou a terceira loja no Taguatinga Shopping, em novembro de 2000. O quarto restaurante viria oito anos depois, em Águas Claras, e o quinto em 2010, em Valparaíso (GO). Nessa época, Laura já impunha sua marca como gestora, surpreendendo a franqueadora em vários momentos. As condições em que a franquia de Valparaíso foi inaugurada deixaram claro que ela estava mais segura na tomada de decisões, era capaz de gerir as franquias com independência e propriedade, fazendo valer suas opiniões e, o melhor, sendo ouvida.

— Faltavam três dias para a inauguração, as obras atrasaram e a franqueadora foi taxativa: a loja não podia abrir sem ar-condicionado.

Não tive dúvida, mandei vir o equipamento via frete aéreo. Chegou a tempo, porém faltava instalar o equipamento do *drive*, não tinha quem fizesse, uma vez que o técnico havia machucado as mãos. Liguei para um, para outro, e nada. Pensei: se eu colocar um profissional junto com ele, talvez ele se disponha a vir a Brasília e resolver o problema. Falei para ele: "Se eu colocar duas pessoas para te ajudar você instala e configura tudo?". Ele primeiro relutou, depois cedeu. Pegou um avião e veio. Alguns diziam que não ia dar tempo, o diretor regional franzia a testa e balançava a cabeça negativamente. Eu era a única que confiava que tudo daria certo. E deu. Abri a loja com a pompa exigida e vendi horrores naquele dia – conta Laura.

As unidades abertas por Laura ficam a pelo menos 30 quilômetros da Asa Sul. Com uma gestão personalizada e um trabalho diferenciado, ela foi construindo seu legado.

— A Laura ficou com uma área de grande densidade populacional, mas com menor poder aquisitivo. Taguatinga, Ceilândia, Samambaia e Águas Claras, que na época era um bairro novo, criado há pouco mais de cinco anos. Ela fez sua expansão nesse cenário – diz Fábio.

A inauguração da loja de Valparaíso coincidiu com a entrada de Paulo Vieira na vida de Laura. Os dois se conheceram em meados de 2008. Ela havia terminado um relacionamento longo, de seis anos, mas enxergou na nova relação a oportunidade de constituir família. Entre o namoro e o casamento, em 9 de abril de 2009, não se passou mais de um ano. Laura queria marcar o momento com uma cerimônia especial. Nada de pompa. Seria algo mais íntimo, para poucos convidados. Incumbiu, porém, a amiga Daniela Marques Echeverria de uma tarefa nada convencional, pelo menos para ela:

— Laura me pediu para redigir um contrato de união estável e até aí tudo certo. Quando cheguei com o documento, pouco antes do início da cerimônia, ela me pediu: "Amiga, você tem de fazer a parte civil do casamento". Eu, sem entender direito onde ela queria chegar, perguntei: "Como o civil?". E arrematei: "Basta você e o noivo assinarem o contrato e pronto". Ela insistiu: "Não basta, não, eu quero que você explique o que significa um contrato de união estável para as pessoas". Eu tomei um susto e disse: "Jesus, eu vou ser a juíza de paz?".

Ela respondeu: "Sim, eu preciso disso". Sem nenhum tipo de preparação aceitei a missão e falei de improviso.

A advogada recorda que nunca teve tanta cara de pau:

— Eu lembro que o discurso foi mais ou menos assim: "Estamos aqui reunidos para celebrar a união estável de Laura e Paulo. Eles estão assinando esse contrato para construir um projeto de vida, constituir uma nova família. A partir de agora, passam a ser um casal". Terminada a cerimônia, um convidado me chamou e disse: "Doutora, eu não sabia que a senhora fazia casamento também. Pensei que fosse só divórcio". Eu dei risada e respondi: "A gente casa, a gente descasa, o que o cliente quiser a gente faz". Ele quis ser sarcástico e eu saí pela tangente.

As exigências de Laura, porém, tinham começado muito antes da cerimônia. A seu pedido, todos os convidados deveriam comparecer de branco. Daniela, conhecendo a amiga como conhecia, foi logo questionando: "Você tem certeza que eu tenho que ir de branco? Tem certeza de que não vou dar rata? Branco é da noiva".

— Pois a Laura se casou com um vestido verde-musgo. Estava maravilhosa, parecia uma deusa grega – recorda Daniela.

Reenergizada com o casamento, Laura se dedicou mais ainda ao trabalho. Mas as desavenças com a irmã cresciam na mesma proporção do caixa. Os dois lados esticavam a corda ao limite, medindo quem tinha mais força, lembra Daniela:

— Era uma sociedade de partes iguais, onde um trabalhava e o outro levava os louros. Isso incomodava a Laura e quem estava de fora percebia. A Laura sempre foi um camelo no trabalho, basta dar a tarefa que ela executa. Não importa se o sol está a pino, ela atravessará o deserto e chegará ao oásis custe o que custar. Com o passar do tempo, ela foi se sentindo desrespeitada, prejudicada, inclusive financeiramente.

A sócia nunca enxergou Laura como uma parceira, mas como uma funcionária da própria empresa na qual investia toda a sua energia.

— Eu não tinha outro negócio, só o McDonald's, trabalhava feito uma louca para que tudo desse certo. Eu não tinha experiência de lidar com dinheiro, nos primeiros anos acabei me endividando. Cuidava do caixa da empresa muito bem, mas escorregava no pessoal. Quando comecei a ganhar dinheiro, me empolguei. Acabei comprando muitas coisas que antes não podia e achava que merecia. Funcionava como um prêmio. Mas aprendi rapidamente que não podia seguir naquela toada. Os juros eram altos e passava noites em claro pensando nos boletos. Mais madura, com o passar dos anos me tornei cada vez mais apegada às planilhas e repetia continuamente, como um mantra: "Não quero mais pagar juros, não quero ter dívidas e não vou comprar nada que não tenha dinheiro para pagar. Vou sempre viver de acordo com a minha realidade". E assim foi. As lojas, porém, iam muito bem, os resultados eram superados mês a mês. Mas eu não tinha reconhecimento e o clima foi ficando cada vez mais hostil.

Foram dois anos de convivência em um ambiente de discussão constante, sem que as partes chegassem a um entendimento. Em maio de 2011, a sociedade foi rompida e o calvário de Laura na justiça estava apenas começando. Foram mais sete longos meses de discussões, uma sequência de audiências judiciais, até que em 22 de novembro foi firmado um acordo que colocava um ponto final na sociedade. Laura estava livre para seguir carreira solo como empreendedora, porém assumindo uma dívida enorme e a responsabilidade de honrar o pagamento das parcelas rigorosamente em dia. Era preciso arregaçar as mangas. Laura, mais uma vez, provou que quanto mais é desafiada, mais se enche de energia. Com foco, resiliência e fé, abraçou o desafio e iniciou uma nova jornada.

CRIANDO FORÇA PARA VOAR ALTO

Enquanto algumas pessoas dormem muito ou adoram uma festa, outros gostam de ler ou estudar. Cuidar de si mesmo e praticar esportes são hábitos que devem ser preservados. Mesmo que não tenha condições, busque ser forte fisicamente e mentalmente para lidar com situações adversas no seu dia a dia.

Março de 2014, com o filho Enzo:
Laura amamentou cada filho um ano
e meio. Descobriu a gravidez de Enzo
quando ainda amamentava Valentina.
Consciência da importância da
amamentação, que é muito importante
para a saúde do bebê e da mãe.

3. VOO SOLO

A manhã do dia 25 de janeiro de 2012 transformou para sempre a vida de Laura. A empreendedora destemida pela primeira vez sentiu muito medo. Ao dar entrada no Hospital Santa Lúcia, na Asa Sul de Brasília, experimentava uma mistura de sentimentos fortes. De um lado, alegria por estar prestes a ser mãe; de outro, temor de não sobreviver ao parto. Laura tinha completado 34 semanas de gestação quando foi diagnosticada com pré-eclâmpsia. O quadro exigia cuidados e a obstetra antecipou o nascimento do bebê, previsto para março.

— Eu não vinha me sentindo bem, tinha muitas dores, estava inchada. Até a metade da gestação eu havia engordado uns sete quilos, no máximo. De uma hora para outra, a pressão subiu muito e ganhei mais de 10, chegando a pesar 80 quilos. O quadro piorava a cada dia. Quando saiu o resultado da ultrassonografia, fiquei apavorada. O médico constatou que a placenta tinha parado de irrigar e o bebê corria risco. De madrugada, passei muito mal, tinha a sensação de que iria desfalecer. Mal consegui acordar meu marido. Eu temi pelo pior, achei que ia morrer – lembra Laura.

O mês que precedeu a entrada de Laura no hospital foi preocupante. A pressão arterial subia mesmo com uso de medicamentos, o repouso não diminuía o inchaço, as dores e incômodos aumentavam dia a dia. A sogra Marilda e a cunhada Roberta desdobravam-se para ajudá-la. Massageavam suas pernas e pés, que não cabiam mais em nenhum calçado. Laura tinha de usar chinelos até para trabalhar. Foram pelo menos quatro internações, com o objetivo de protelar o nascimento. Com a ausência dos familiares, Laura contava com a ajuda de Ivanildes, que se revelou uma amiga leal.

— Eu não tinha ninguém para ficar comigo no hospital. Ela me ajudava a tomar banho, passava horas contando histórias da própria gravidez. Divertida e simples, tentava à sua moda me deixar mais tranquila. A Ivanildes cuidou de mim num momento difícil – recorda Laura.

Entre uma internação e outra, Laura insistia em trabalhar. Mesmo muito debilitada, não admitia deixar os restaurantes de lado, fazia questão de acompanhar tudo de perto. Paulo pedia para que ela se cuidasse, fizesse o repouso recomendado pela médica. Não adiantava, ninguém a fazia mudar de ideia.

— Houve uma vez que eu falei para o André, que à época já era meu motorista e me acompanhava para todo lado: "Não estou passando bem, vamos parar num posto de gasolina. Eu vou entrar no banheiro, se eu demorar demais você bate na porta. Se eu não responder, você chama a ambulância e me manda para o hospital". Ele não descuidava um minuto – conta Laura.

Valentina nasceu às 11h58, pesando 2,290 quilos e com apenas 33 centímetros. Apresentava um quadro de saúde delicado. Foi direto para a UTI neonatal. Laura, por sua vez, ficou entre a vida e a morte. Passou vários dias hospitalizada. Foram momentos de provação, de exercício da fé que Laura tanto cultivava.

— Em nossa primeira viagem juntos à Europa, eu e o Paulo decidimos que, se um dia tivéssemos uma filha, ela se chamaria Valentina. Não podia ter escolhido um nome melhor. Eu tive de ser muito valente durante a gravidez para não perdê-la e ela ainda mais valente para se manter viva. Foram 16 dias na unidade de terapia intensiva, uma parada cardíaca e dificuldade para respirar, porque os pulmões não estavam bem formados – lembra Laura.

Ainda bastante fragilizada, Laura ia diariamente ao hospital e não perdia um minuto do tempo que lhe era permitido ficar ao lado da filha. Estava tão atordoada com tudo que em alguns momentos parecia estar fora de si. Mais de uma vez, diante da recém-nascida, repetiu: "Lindinha da titia, melhora!". O marido, muito paciente, falava: "Laura, é sua filha. Se acalme, minha linda, essa é sua filha". A primeira vez que pegou Valentina nos braços, ela já tinha 8 dias de vida.

— Enquanto Valentina esteve na UTI e nos meses seguintes, minha mãe foi muito companheira. Me ajudou, incentivou. Foi uma mãe muito carinhosa e presente – afirma Laura.

Os primeiros dois meses foram difíceis por conta da fragilidade da bebê, que vez ou outra dava sustos, deixando a mãe apavorada. Quem acalmava os ânimos era a babá Patrícia, que até hoje cuida de Valentina. Aos poucos, a menina foi ganhando peso, se desenvolvendo, o que sossegou o coração da mãe. Valentina ficou tão bem que acompanhou Laura aos Estados Unidos antes de completar 3 meses. O motivo da viagem justificava o esforço: o restaurante do Alameda Shopping, em Taguatinga, tinha sido agraciado com o Ray Kroc Award 2011/2012, prêmio internacional que reconhece a excelente performance em Operações no Desenvolvimento de Pessoas e Gestão do Negócio.

— Era a primeira vez que receberia a premiação como gestora solo, à frente da minha empresa. O prêmio, muito especial, é entregue a 1% dos gerentes de cada continente durante a Convenção Mundial do McDonald's, que acontece na cidade de Orlando. Eu estava muito orgulhosa do meu trabalho, não podia deixar de comparecer. Levei a Valentina comigo – conta Laura.

Por muito tempo a maternidade não fez parte dos projetos de Laura. Ela amadureceu convicta de que se dedicaria à vida empreendedora e de que não teria filhos. Uma conversa com o doutor Paraná quando ele, aos 89 anos, passou cinco meses internado no Hospital Sírio-Libanês, em São Paulo, a fez mudar de ideia.

— Em uma das visitas o encontrei bastante debilitado, sem poder falar por conta da traqueostomia. Para se comunicar, ele usava uma pequena lousa branca. Ele olhou firme nos meus olhos e escreveu:

"Tenha filhos, não fique sem filhos. Você pode até ficar sem marido, mas tenha filhos. Eles transformam a vida de uma mulher". Aquilo me marcou muito – afirma Laura.

O conselho do doutor Paraná não saía da cabeça dela. Laura tinha 31 anos e começou a rever sua decisão em relação à maternidade. Alguns anos depois, com a vida mais tranquila, decidiu que estava na hora de ser mãe.

— Quando consegui comprar uma casa no Lago Sul, em 2009, após 12 anos em Brasília, realizando um dos meus grandes sonhos, achei que estava na hora de ser mãe. Sabia que o desafio seria grande, senti um frio na barriga quando assinei o contrato da Caixa Econômica, mas estava muito feliz! Olhei para trás, vi tudo o que tinha construído e tive certeza de que podia criar meus filhos. Foi quando me apaixonei pela maternidade, algo extraordinário, um divisor de águas na minha vida – revela Laura.

Ao tomar a decisão, porém, Laura se deparou com o primeiro obstáculo. Uma cólica forte levou à descoberta de miomas e a uma triste constatação. Aos 37 anos, com a trompa obstruída, dificilmente poderia engravidar e levar a gestação adiante. Mais uma vez, Laura revelou sua determinação, fé em Deus e muita paciência para enfrentar o que estava por vir.

— Uma coisa é não querer ser mãe, outra bem diferente é não poder engravidar. Aquilo despertou uma força gigante dentro de mim. Eu pedi muito a Deus para conseguir ter filhos. Fui para São Paulo em busca de outras opiniões porque em Brasília os médicos levantaram a hipótese de retirar o útero. O diagnóstico não foi tão diferente. Endometriose, miomas e trompa obstruída. A cirurgia seria inevitável. Fiz tudo o que era preciso. O Paulo foi um grande companheiro. Naquela época nosso relacionamento era recente, mas ele entendeu e apoiou.

O tratamento e a recuperação foram longos. Em fevereiro de 2011, Laura recebeu com lágrimas nos olhos o resultado do teste de maternidade: estava grávida e, mais surpreendente, de gêmeos. A alegria, porém, durou pouco. A gravidez foi interrompida dois meses depois. Mais uma vez, foi preciso olhar para frente.

— É óbvio que fiquei muito triste, mas, ao mesmo tempo, pensei: Deus já me ajudou, porque tem muita mulher que aos 38 anos não consegue engravidar. Eu sempre fui uma mulher de fé e isso me ajudou a olhar para frente. Se você não conseguir olhar para o futuro diante de uma perda, se superar, o corpo morre. Isso tem muito a ver com a maneira como as pessoas lidam com os percalços da vida, porque problema vai ter sempre, a todo momento – ensina Laura.

Não demorou para Laura engravidar novamente. Os primeiros sinais de pré-eclâmpsia deram o alerta de que seria uma gravidez de risco. Desta vez teria de desacelerar, pegar mais leve na atividade esportiva e no trabalho. Laura precisava diminuir o ritmo.

— A gravidez da Valentina teve um significado muito importante na minha vida, não só pela maternidade, mas também porque tive de mudar meu jeito de ser. A minha cabeça sempre foi um liquidificador triturando gelo. Naquele momento, não podia me permitir agir dessa maneira, precisava me acalmar, encontrar um caminho para levar essa paz ao meu bebê, a mim mesma e para a nova fase que estava surgindo na minha vida – afirma Laura.

O lado empresarial também passava por uma mudança significativa. Laura tinha acabado de desfazer a sociedade, iniciando seu voo solo, com uma série de desafios pela frente. O maior deles era um processo na justiça:

— Falamos muito do protagonismo feminino, do empoderamento da mulher, de empreender nas mesmas condições que os homens, mas a prática mostra o quanto isso é desafiador. Eu disse para meus colaboradores: comprei um avião, só que ele precisa de manutenção e temos de fazer os consertos com ele voando, para termos uma aterrissagem tranquila. Pedi ajuda a todos os meus colaboradores, e eles foram firmes.

A gravidez de Valentina coincidiu com esse período, um dos mais desafiadores da vida de Laura. Depois de anos trabalhando em sociedade com a irmã, as relações estremeceram a tal ponto que o rompimento foi parar na Justiça. O cenário envolvia questões financeiras, quebra de confiança, questionamentos de processos e uma realidade em que a sintonia dos 14 anos de sociedade já não funcionava mais.

Laura tinha medo de não dar conta de tudo. A dívida era grande e as condições, caso o pagamento não fosse cumprido, piores ainda. A fim de ficar mais próxima das lojas, montou um escritório em uma sala alugada em Taguatinga. Além de cumprir com as obrigações dos restaurantes, que nessa época já eram cinco, ainda tinha as prestações.

— A última audiência aconteceu no dia 22 de novembro de 2011 e durou nove horas. Eu, grávida, achava que a bolsa tinha estourado e que a criança ia nascer ali, mas era o suor escorrendo pelas pernas, afinal naquele momento assinei um acordo judicial que teria que honrar. Ali começou uma nova fase da minha vida. Pensei naquele momento: Meu Deus, tenho a casa e o acordo judicial para pagar. Quando me dei conta, estava naquela situação delicada, vulnerável pela gravidez e com um rompimento familiar. Minha irmã sempre foi a pessoa que mais me amava. Conversávamos de quatro a cinco vezes por dia. Passar por toda essa situação foi muito difícil. Mas eu precisava ser forte, corajosa. Uns bons meses depois, o acerto foi quitado e pude respirar aliviada – relembra Laura.

A amiga Daniela Echeverria acompanhou tudo de perto, orientando, mas sem assumir a causa. A advogada não se sentiu à vontade, pois tinha um envolvimento emocional com uma das partes e preferiu indicar um grande escritório de advocacia de Brasília para tocar o processo.

— Ela assumiu um compromisso enorme ao comprar a parte da irmã na sociedade. Era muito dinheiro para ser pago num período relativamente curto. Mas a Laura é corajosa. Se tem um adjetivo que combina com ela é "destemida". Ela não tem medo, enfrenta todos os desafios e dá conta de tudo. Eu lembro que ela dizia: "Amiga, eu vou pagar uma Hilux por mês". Eu tinha receio e questionava: "Laura, essas cifras são enormes, será que vai dar certo?". E a resposta era sempre a mesma: "Vai, eu vou vencer". E venceu – afirma Daniela.

Sem tempo para se lamentar e com cinco lojas para bater as metas e mostrar resultados à franqueadora, Laura teve de reagir rápido. Valentina tinha poucas horas de vida quando Paulo Schimdt, que hoje responde pela área contábil e jurídica do Grupo Levvo, providenciou a documentação para que a bebê se tornasse sócia da mãe.

— Eu tinha acabado de dar à luz e minha equipe estava trabalhando para que o contrato social fosse alterado na Junta Comercial. A união de forças colaborou para que tudo desse certo – afirma Laura.

Os desafios, porém, se multiplicavam. Laura precisava de recursos para alavancar as lojas, dobrar os resultados para conseguir pagar as parcelas da dívida no prazo. Precisava ser muito assertiva na gestão do negócio. As responsabilidades só aumentavam, mas ela estava segura de que estava no negócio certo.

— Durante quatro anos não fiz outra coisa senão trabalhar, cortar custos e quitar boletos. Com a ajuda do Paulo Schimdt reestruturei a empresa, enxugando tudo o que era possível enxugar. Colocamos em prática a operação clips, custo zero, que não permitia que se gastasse nada. Teve um período em que ou eu pagava os *royalties* para a franqueadora e os compromissos com os fornecedores ou dava baixa em uma parcela da dívida. Com humildade e franqueza, procurei a franqueadora para ajustar toda e qualquer oportunidade que existisse. Sempre honrei a marca McDonald's, sendo uma guardiã de todos os padrões e normas traçados por eles. Sou muito grata pela ajuda que me proporcionaram durante esse tempo como franqueada. Mesmo com as dificuldades, não deixamos que a qualidade e a excelência na gestão se comprometessem em nada. Em todos os momentos de dificuldade, por ser uma franqueada dedicada ao negócio, recebi ajuda e apoio da Arcos Dorados. Está aí a resposta, o porquê de ser uma marca tão forte e uma das melhores franquias do mundo – diz Laura.

Laura tinha consciência de que só reverteria o cenário se adotasse uma gestão pautada nas melhores práticas de governança, com total controle de gastos e engajamento de toda a equipe. Foi um período em que ela aprendeu a lidar com a parte tributária do negócio, com finanças, a fazer *network*. Enfim, se deu conta de que, assim como na vida, no mundo dos negócios é preciso construir tijolo por tijolo.

— Para se alcançar o sucesso é preciso construir uma trajetória sólida, com alto nível de disciplina, resiliência, atitude e, principalmente, horas absurdas de trabalho – afirma.

Dorival reforça que nem mesmo quando estava no olho no furacão Laura desanimou ou deixou de acreditar que podia virar o jogo:

— Um dos principais diferenciais dela é a energia. Tenho formação de engenheiro eletricista e brinco que ela está ligada no 380 o dia todo, 24 horas. Claro que não adianta ter muita energia e só colocar para fora. É preciso traçar uma estratégia, seguir um planejamento bem detalhado. E a Laura sabe fazer isso. Por conta dessa postura, ela acrescenta muito para o negócio. Foi essa força associada à consciência de que só se alcança o sucesso com um trabalho bem-feito que a levaram a virar a jogo, a crescer e a se transformar em uma das maiores franqueadas do McDonald's no Brasil.

Laura foi além: se tornou parceira importante para a franqueadora, disposta a realizar pilotos de novos lançamentos de produtos, a se colocar à disposição para dividir com a rede a implantação de novas práticas, lembra Dorival:

— Ao mesmo tempo que essa disposição é um combustível para crescer, nos desafia como executivos da franqueadora. Ela aumenta o nosso nível de cobrança, no bom sentido. Ela nos leva a buscar as coisas mais rápido. Com isso, todos ganham.

À frente do Grupo PauloOctavio, uma das principais organizações empresariais da capital federal, o ex-senador Paulo Octávio Alves Pereira recorda que desde que conheceu Laura, há quase duas décadas, quando ainda era deputado federal, percebeu que ela tinha uma energia diferente, uma disposição em compartilhar resultados que é rara no varejo:

— A Laura está sempre apresentando números positivos, nunca negativos. Enquanto alguns reclamam, ela reforça: "Eu vou vender mais". Divide com os demais os meses em que as vendas tendem a ser maiores, não esconde nada. Isso é algo raro no Brasil, onde o empresário quer sempre esconder os bons resultados. Ela está continuamente disposta a colaborar. Quando inauguramos o JK Shopping, foi a primeira a abrir loja na praça de alimentação, fez questão de doar os lanches para as crianças que nós levamos ao cinema. Ela nunca foi uma empresária distante dos parceiros, pelo contrário. Está sempre torcendo para dar certo, sempre motivada, entusiasmada. Quanto mais o lojista for entusiasmado com o shopping, melhor para ambos. Laura tem sido campeã de vendas nos dois *malls* que administramos, no Taguatinga Shopping e no Ceilândia.

A parceria de Laura e Paulo Octávio se transformou em amizade e confiança, a ponto de ela assumir responsabilidades acima das expectativas para que as coisas acontecessem. Foi assim na inauguração do JK Shopping, em Taguatinga. O empresário ligou para Laura e foi direto ao assunto: "Teremos 40 mil pessoas para a inauguração, preciso que algumas lojas estejam funcionando. Os lojistas não vão dar conta de abrir na praça de alimentação. Eu conto com você, quero que me garanta que teremos Big Mac quando abrirmos as portas".

— Ela foi uma superparceira, assumiu o compromisso e fez de tudo para que nada desse errado. Na madrugada teve um problema para instalar um dos equipamentos, precisou quebrar a parede. Ela me ligou às 4 da manhã, aflita, pedindo autorização para derrubar uma parede. Eu consenti. A equipe trabalhou dia e noite e a Laura honrou a promessa. Quando cortamos a fita diante de milhares de pessoas, o McDonald's estava funcionando – afirma Paulo Octávio.

Laura costuma dizer que a maturidade a ensinou a dar um passo de cada vez, a pensar mais antes de tomar uma decisão e a engolir não um único sapo, mas um brejo inteiro. Muitas vezes, garante, a vontade é explodir, mas a saída é respirar fundo. Ela já perdeu as contas das situações em que teve de se segurar.

Valentina não tinha completado 2 anos quando Laura engravidou do segundo filho. Novamente recebeu a notícia com muita alegria. Mais uma vez não seria uma gravidez fácil. Para que o bebê não nascesse prematuro, ela teve de ficar de repouso por seis semanas. Levantava-se da cama apenas para tomar banho. Nessa fase, a disponibilidade e a dedicação de Patrícia foram uma bênção. A babá cuidava de Valentina nesse período, o que deixava a mãe um pouco menos angustiada. Era do leito que Laura gerenciava as lojas, alinhava as tarefas com a equipe, prestava contas à franqueadora. Enzo nasceu prematuro, às 13h20 do dia 1º de fevereiro de 2014, na mesma maternidade da Asa Sul de Brasília, com 49,5 centímetros e 3,205 quilos.

Assim como acontecera no nascimento de Valentina, Laura não teve resguardo. Voltou a trabalhar antes que Enzo completasse 1 mês, mas agora contando com uma retaguarda mais estruturada. Valentina tinha poucos meses de vida quando ela decidiu comprar um apartamento pequeno, em Taguatinga. A ideia era facilitar a logística para estar o mais próximo possível da bebê, garantindo o conforto que só a presença materna proporciona. Reservou à arquiteta Tatiana Triches Dornbush Guedes a tarefa de transformar o espaço em um segundo lar. Laura conhecera a profissional havia pouco tempo e desde o primeiro encontro tinha simpatizado com ela. A chegada de Enzo exigiu um pequeno arranjo, nada que Tatiana não resolvesse rapidamente.

— Laura estava no sétimo mês de gravidez quando começamos a pensar no projeto do quarto do Enzo, que ficou um sonho. À medida que fomos estreitando nossa relação, ela foi me chamando para novos projetos, tanto pequenas reformas nas lojas do McDonald's, com anuência da franqueadora, quanto na casa do Lago Sul. A Laura adora uma obra. Ela é muito organizada, suas lojas estão sempre passando por manutenção. Estamos constantemente pensando no que é possível melhorar, economizar na escolha de materiais, porque ela investe mas também pensa no retorno – afirma Tatiana.

Um dos principais desafios de Tatiana foi a reforma da casa do Lago Sul. A dúvida estava em fazer uma grande reforma ou derrubar tudo e começar do zero. Para se ter uma ideia do tamanho da empreitada, Laura alugou uma casa e se mudou com as crianças enquanto a obra era executada. Praticamente não sobrou nada do original, conta Tatiana:

— Laura tinha uma forte ligação com essa casa, não apenas por ser a realização de um sonho, mas por tudo que ela viveu ali: o batizado dos filhos, a cerimônia do segundo casamento com o mesmo marido, o aniversário das crianças, com direito à reprodução de um castelo. Não vou dizer que foi fácil porque não foi mesmo. Muitas vezes batemos de frente, porque somos mulheres de gênio forte. Eu insistindo que não daria certo e ela dizendo: "Faz o seu melhor, tenho certeza que você vai dar um jeito". Um bom exemplo é o painel metálico que separa a sala de jantar. Ela queria algo com traço árabe e eu dizia que ia ficar horrível. Por fim, acabei cedendo. Desenhei uma peça de inspiração moura, mas com *design* moderno. Busquei um fornecedor na Paraíba para executar o trabalho. No final deu certo.

Tatiana observa que, ao longo de duas décadas de trabalho como arquiteta, poucas vezes encontrou um cliente tão organizado quanto Laura:

— Ela me ensinou muito nesses nove anos de parceria. A Laura faz questão de ter tudo por escrito, bonitinho. De próprio punho ela escreve o que foi decidido no projeto e as duas assinam. Guardo o papel numa pastinha e, quando surge algum atrito, recorro ao nosso documento particular. Isso vale tanto para decisões simples quanto para as mais complexas.

A mesma praticidade que Laura imprime aos negócios e ao cotidiano ela procura trazer para a rotina das crianças. Com uma agenda atribulada e constantes viagens profissionais, não abre mão de participar ativamente da vida dos filhos.

— Eu gosto de colocar na cama, de dar boa-noite, rezar junto, para que sejam pessoas de fé. O Enzo, quando me vê preocupada, diz: "Mamãe, pede para Deus que ele te ajuda. Se você pedir com força e ajudar os pobres, Deus vai te ajudar". Os dois já aprenderam a fazer essa ligação, inclusive sabem rezar o Salmo 23 de cor – afirma Laura.

Enzo e Valentina têm na agenda da mãe o mesmo peso de uma reunião de avaliação do McDonald's, e disso Laura não abre mão.

— De segunda a sexta-feira, acordamos às 6h30, dou um beijo carinhoso em cada um, brincamos um pouco na cama e começamos o dia. Nos fins de semana, nosso café da manhã é sempre embalado por música. Eles ouvem tanto Bach como Jorge Ben Jor. Eu me organizo para não perder o jogo de tênis, assistir à partida de golfe, ir à aula de administração financeira do *after school* da Valentina. Nessas horas eu sou 100% mãe, só tiro o celular da bolsa para fotografar. Se eu não vou, aviso. É tudo muito conversado. Eu acho que maternidade é isso, um mix de emoções, uma mudança de realidade, é foco no presente mas com olhar para o futuro, para que os filhos estejam preparados para essa caixinha de surpresa chamada vida – afirma Laura.

Foi respeitando uma tradição do passado, mas com desejos de boas realizações futuras, que Laura decidiu enterrar o cordão umbilical dos filhos em lugares especiais.

— A minha avó sempre disse que o umbigo é algo sagrado. Guardei o da Valentina em uma caixinha por dois anos. Quando fui fazer um curso na Universidade Harvard, decidi que seria ali que ia enterrá-lo. Fomos até a biblioteca, pegamos um mapa da universidade e escolhemos o lugar, à sombra de uma árvore. Quase fui detida por um segurança, que me interpelou quando estava cavando. Fui adiante, queria que a Valentina fosse uma pessoa inteligente, que tivesse sabedoria para cuidar da vida – conta Laura.

Com Enzo não foi diferente. Durante cinco anos o umbigo do menino ficou guardado em uma gaveta. Laura alimentou por muito tempo o sonho de ministrar uma palestra na Organização das Nações Unidas. Pode parecer loucura, mas para uma cuiabana de fibra não é. Quando teve a chance de participar de um encontro na sede da ONU, não titubeou. Paulo e as crianças foram junto. Já que a família estava reunida, nada melhor do que realizar a cerimônia do enterro do umbigo do menino, reforçando suas crenças.

— Era março, o frio estava intenso e nevava. Não pude deixar o cordão umbilical na sede da ONU, mas pude enterrar nos jardins de Harvard. Os cordões dos meus dois filhos estão em Harvard. Isso tem uma importância enorme para mim. Meu avô me ensinou que precisamos ser respeitados por quem somos. Ao enterrar os cordões em Harvard eu estava colocando os meus filhos no lugar mais nobre: o lugar da sabedoria – relata Laura.

Com pouca idade, Valentina e Enzo conhecem 16 países, acompanham de perto a carreira empreendedora da mãe e vão aos poucos assumindo as próprias responsabilidades. Não gostam de perder aulas, faltar ao tênis ou chegar atrasados. Sabem o que fazer – e o que não fazer – para não tirar a mãe do sério. Isso significa não colocar os pés sujos no sofá, comer pipoca só na frente da televisão, não gritar, ir para a cama cedo. Se a mãe precisar repetir uma ordem, os dois sabem que sobrará bronca e, dependendo da situação, deixa de castigo, tira o que mais gostam, como o celular.

— É tudo combinado, organizado, com uma certa rigidez. Quando percebo que tem alguma coisa incomodando, peço para me falarem. Se eles não falam, tento mostrar a importância de eu saber o que está acontecendo para poder ajudá-los. Quando viajamos, ensino a arrumar a cama, a lavar a calcinha, a cueca. Procuro mostrar que tudo tem ônus e bônus. Se forem desobedientes, complicarão a vida. Tudo é causa e consequência. Ao mesmo tempo, ensino que os dois precisam colocar suas opiniões na mesa e isso deve ser respeitado. Cada vez mais temos de criar os filhos para que saibam se posicionar e buscar as próprias realizações – diz Laura.

Laura assegura que a maternidade reserva a cada dia um novo aprendizado. O maior deles, garante, é aprender a viver cada momento.

— Eles me fazem sorrir todos os dias, a cada manhã me lembram que eu tenho de viver o hoje. Tudo passa muito rápido, o tempo não volta. A minha Valentina é uma princesa, o Enzo um lorde. Eles são educados, generosos, preocupados comigo, são fontes de bênção e alegria.

Laura afirma que os dois são como pequenas esponjas. Absorvem tudo, tiram as próprias conclusões, reproduzem o que admiram ou o que projetam para o futuro. Às vezes, ela deixa de lado o que está fazendo para observar Enzo, que no seu mundo imaginário repete as mesmas atitudes da mãe. Finge ao celular que está numa conversa importante: "sim, estou muito ocupado, mais tarde", "tenho de desligar, vou almoçar com meus filhos", "te ligo em cinco minutos".

— Ele fica me imitando, reproduzindo falas que gostaria que eu dissesse ao celular para ter mais tempo com eles. Ele me surpreende, me diverte – confessa Laura.

A maneira como Laura educa os filhos e os prepara para a vida chama a atenção de todos. A tia Eneida lembra que desde que as crianças nasceram, acompanham a mãe em tudo e, aos poucos, vão assimilando os mesmos hábitos. "A Valentina é a Laurinha esculpida", costuma dizer. A amiga Ana Maria Soares também não se cansa de elogiar o tipo de educação que Valentina e Enzo recebem:

— Ao mesmo tempo que a Laura trabalha demais, tem o dia corrido, ela se estrutura para poder dar conta das crianças, estar sempre presente. Eu digo à Laura que elas podem ficar na minha casa quantas vezes quiserem. Elas têm rotina, têm horário e são crianças muito dóceis. Isso é fruto da educação que recebem. E não é comum hoje em dia.

A maternidade deu a Laura um novo olhar diante da vida. Trouxe equilíbrio entre o particular e o profissional e, acima de tudo, lhe deu ainda mais forças para enfrentar desafios pessoais e nos negócios. Ao constituir família, sonhava envelhecer ao lado do marido, viver um casamento tão longevo quanto o dos avós – que permaneceram casados por 62 anos, até o doutor Paraná, em quem ela tanto se inspirou, falecer.

A realidade, porém, se mostrou bem diferente. O casal completara três anos de união após a segunda tentativa quando as discussões se tornaram mais frequentes e os propósitos de vida – antes tão alinhados – começaram a se distanciar. A separação foi inevitável. Em setembro de 2019, Laura assinou o divórcio. A ligação com o pai dos seus filhos, contudo, seria para toda a vida. Assim como fizera no mundo dos negócios, agora era vez de se lançar num voo solo também na vida pessoal.

CRIANDO FORÇA PARA VOAR ALTO

Só tenha filhos se tiver condições de criá-los e dar-lhes amor. Caso contrário, não os tenha! Filho é algo sério, não é brincadeira e nem um jogo. E do mesmo jeito uma empresa. Tenha responsabilidade com pessoas e com o serviço. Seja ético e responsável. Deixe um legado de exemplo e de seriedade. Seja respeitado! Faça vale a pena!

Batizado de Valentina em 2002. "Filhos são presentes de Deus".

Abril de 2022: Visita a Aparecida (SP) para agradecer pela recuperação de um colaborador vítima da covid-19.

4. TERNURA E FORÇA DE MULHER NO COMANDO

A ssim que despertou da sedação mantida durante o mês inteiro em que permaneceu intubado para tratamento da covid-19 no Hospital Santa Marta, em Taguatinga, e abriu o WhatsApp no celular, Adriano Borges Braga não conteve o choro. Era 30 de dezembro de 2021 e, mesmo debilitado, se animou ao ler uma das mensagens que recebera nas últimas semanas:

> *Adriano, é Natal. Você vai acordar e você vai ver essa mensagem. Feliz Natal!*

A mensagem havia sido enviada por Laura ao gerente de Gente e Operação do Grupo Levvo num momento em que parentes e amigos oravam por sua vida. Laura também se irmanava a essa corrente e queria demonstrar sua fé na recuperação do colaborador. Naquele momento, as mortes causadas pelo coronavírus passavam de 600 mil no Brasil. Na véspera do Natal, dia em que Laura escreveu aquelas palavras, 201 pessoas morreram de covid.

— Quando eu acordei, vi o celular, lá estava a mensagem. Foi muito emocionante. Eu não tenho palavras para agradecê-la. Torço para que ela consiga tudo na vida, porque se ela estiver bem, sei que os colaboradores vão estar bem também – recorda Adriano.

Adriano soube, depois, que Laura também esteve no hospital quando os médicos decidiram pela intubação. Ela aventou a possibilidade de transferir o paciente para um hospital com mais recursos na capital federal:

— Ela dizia para os médicos: "Não sei o que vocês vão fazer, mas ele tem que sair vivo daqui". Queria me transferir, mas a junta médica garantiu que eu estava bem e que podia ficar lá. Por mais que a empresa não seja familiar, porque é muito grande, existe esse aconchego. Eu me senti amparado.

O aconchego e o amparo não são força de expressão. Laura é conhecida entre os funcionários pelo estilo próximo de lidar com as pessoas. O próprio Adriano conseguiu o emprego num processo seletivo comandado pela empresária em pessoa. Ele tinha 17 anos quando viu a irmã chegar em casa toda feliz depois de uma entrevista no McDonald's. Adriano trabalhava na feira permanente do Guará vendendo roupas e se interessou:

— Eu era "gritador" na feira. Ficava oferecendo roupas. Me lembro até hoje que eram três bermudas por 10 reais. Quando a minha irmã comentou que ia ter uma nova seleção, eu pensei: vou trabalhar "fichado", com carteira assinada, que é melhor do que só fazer *freelancer*. Fui e, para a minha surpresa, era a Laura que estava conversando com os candidatos, explicando as condições de trabalho e tudo mais.

As vagas eram para a unidade do Alameda Shopping. A fila era grande. Depois de quase três horas Laura finalizou as entrevistas e disse, se dirigindo à turma de candidatos: "Gente, vocês devem estar com fome, não é?". Muitos, envergonhados, responderam negativamente ou se calaram. Tímido, Adriano estava entre os que ficaram quietos.

— Ela não deu bola para as respostas. Pediu Big Mac para todo mundo. Eu nunca tinha comido um sanduíche no McDonald's. Aquela atitude, para mim, foi um diferencial. Fiz todo o treinamento numa outra loja, no Brasília Shopping. Nessa época, a Laura tinha o Alameda e estava adquirindo a unidade do Taguatinga Centro. Eu fui contratado para substituir a equipe de lá, que era da rede. Comecei a trabalhar e depois de três meses virei treinador, cargo em que instruimos os novos contratados – explica Adriano.

Histórias como essa se multiplicam na Levvo. A gerente do Departamento Pessoal Glauceane Assenção Soares de Souza chegou ao grupo em outubro de 1998 e também foi contratada pessoalmente por Laura. A oportunidade surgiu por acaso. A irmã dela passava pelo Shopping Alameda quando viu uma aglomeração de pessoas e soube que se tratava de um processo seletivo. Foi atendida pela Laura e perguntou se podia indicar uma pessoa.

— A Laura não sabe dessa história, mas essa pessoa que a minha irmã queria indicar era eu. No dia seguinte eu estava lá e fui entrevistada por ela. Cheia de sonhos, eu me abri: "Estou procurando um emprego para poder pagar a minha faculdade de Direito". Ela disse: "Ótimo, vem para o nosso time. Você vai ter perspectivas de crescimento, pois pretendo ter várias lojas" – relembra Glauceane.

Ela começou como atendente de loja e um ano depois estava na área administrativa. Ficou até 2009, quando saiu para ter uma visão do mercado de trabalho fora do McDonald's, mas acabou voltando após quatro anos.

— Aquele foi o meu primeiro emprego. Então eu queria conhecer como era o mercado além das lanchonetes. Fui, não gostei. Percebi que tinha satisfação em lidar com gente, gostava da correria. Quando retornei já tinha concluído a faculdade. Mudei de Direito para Pedagogia e fui para a Liderança – conta Glauceane.

Quando deixou a empresa eram quatro lojas, quando voltou Laura já havia adquirido outras três. O jeito simples e próximo de tratar com todos os colaboradores, no entanto, não mudara:

— O crescimento do grupo foi imenso, mas ela continuava incentivando a evolução das pessoas. Da equipe de atendentes e coordenadores da qual eu fazia parte, todos se tornaram gerentes e consultores. É como ela diz: "Para onde eu vou, vai todo mundo". É verdade, ela nunca deixa ninguém para trás. Uma mulher forte, destemida. De onde pensamos que não vai sair nada, ela fala: "Vai sair, sim. Eu vou tirar champanhe de pedregulho".

Quem vê o desembaraço com que circula pela sede administrativa do Grupo Levvo, entrando e saindo de reuniões, envolvida com planilhas, projetando números e cenários, não imagina o quanto foi transformadora a trajetória da diretora financeira Fernanda Rodrigues Celestino. Ela também começou como atendente de lanchonete. Assim como outros colegas com os quais cruza nos corredores da Levvo, entrou para a companhia pela porta do restaurante.

— É uma entrada muito grande, posso garantir. Ela dá acesso à Laura, dá acesso a muitas oportunidades, independentemente de cor, de religião. Acho que a Laura consegue ver as habilidades, os dons de cada um e colocar numa determinada função. Eu aprendi e aprendo muito, é uma evolução todos os dias. É muito legal termos com a Laura uma história de aprendizado, de crescimento.

Do momento em que passou pela entrada do restaurante do Taguatinga Shopping, em 26 de novembro de 2001, sem nenhuma experiência, até atingir a posição de gerente foram 10 anos. Fernanda foi treinadora, coordenadora administrativa de loja, trabalhou no escritório como assistente de RH e depois gerente, até receber o convite para assumir o financeiro do grupo. Ela não se esquece da guarida que recebeu de Laura não só para desempenhar melhor suas funções, mas também na vida pessoal:

— Ela consegue nos ajudar profissionalmente e ainda tem um lado social. É uma cuidadora de pessoas, do funcionário que está precisando de uma assistência psicológica, de quem perde alguém da família. É muito humana, uma líder exemplar. Não importa o quanto ela cresceu como empreendedora. É a mesma desde 2001, quando a conheci. A Laura nunca mudou esse jeito dela. Isto me inspira a ficar na empresa: saber que, além de ser mulher, aceita todos de forma igualitária – afirma Fernanda.

Tudo isso se deve à maneira como a companhia trata os colaboradores. O plano de carreira do Grupo Levvo é apresentado já na aula de orientação, no primeiro dia pós-admissão.

— A Laura já mostra que você pode subir para treinador, para o administrativo. Isso fica claro: ela vai cumprir o plano, porque existem empresas com belos planos de carreira, mas que ficam na parede. Aqui conhecemos os critérios, o passo a passo. Se a pessoa quiser crescer, vai crescer com a Laura – explica a diretora financeira.

Estar ao lado da CEO do Grupo Levvo pode significar oportunidades inimagináveis. Até os 23 anos, André Pereira Almeida não conhecia nada muito além da rotina de ajudante de pedreiro e de pequenos bicos nas cercanias do Distrito Federal. Com apenas o diploma do ensino médio, não imaginava para si um cotidiano diferente daquele de preparar concreto e argamassa, ou transportar materiais e ferramentas. Até o dia em que viu no celular a chamada de um número desconhecido. Quando atendeu, era Laura oferecendo-lhe oportunidade de trabalho como motorista particular. A indicação aconteceu por meio da mãe, que trabalhava como babá para ela.

— Comecei a trabalhar em 15 de agosto de 2011. Entrei muito cru, mal sabia dirigir. Ela foi me ensinando tudo, me ensinou as coisas da vida. Eu estou ao lado dela em muitos lugares, então sempre me dá dicas de como eu posso melhorar a cada dia – afirma André.

André teve a vida transformada. À medida em que os anos passaram, deixou de morar de aluguel numa das cidades satélites, a mais de 50 quilômetros do Plano Piloto, para se mudar para uma casa melhor e mais próxima do local de trabalho. Com as economias somadas mês a mês e a ajuda da patroa, foi capaz de comprar um pequeno imóvel para alugar e obter uma renda extra. Esse tipo de apoio é característico dela, diz André:

— Ela não consegue ver alguém precisando de algo e não ajudar. Não espera a pessoa pedir, quando percebe a necessidade, já toma a frente. Além de tudo que me proporciona de bens materiais, financeiros, de conhecimento, o que eu admiro nela é a parte humana.

As pessoas mais próximas sabem dessa preocupação, independentemente de ser ou não funcionário. Pode ser um prestador de serviço, um trabalhador terceirizado. Quase sempre ela indaga: "Você precisa de alguma coisa em casa? O que você quer?". Mas nada surpreendeu tanto o motorista quanto a vez em que Laura disparou: "Se prepara que você vai comigo para os Estados Unidos".

— Eu me belisquei para ver se estava acordado, se não era um sonho. É uma oportunidade para poucos. A pessoa tem que juntar grana, tirar o visto, passaporte, tem de falar inglês. Ela me levou por ser gente boa, porque não havia tanta necessidade de que eu estivesse junto. Talvez ela tenha pensado: vou levar para ele ver a vida de outra forma, para adquirir um pouco mais de experiência.

Era 2014 e Laura viajou aos Estados Unidos para a convenção anual do McDonald's em Orlando, aproveitando a companhia do marido e dos filhos. Providenciou que André tirasse a carteira de habilitação internacional e assim que chegou à Flórida alugou o carro para os deslocamentos entre o hotel e o centro de convenções. Foram sete dias em Orlando e outros três em Miami.

— Fiquei dirigindo lá. Se um guarda me parar, eu pensava, vou falar: "*Sorry. I don't speak English*". Foi muito bom. Fazia passeios de carro com ela e as crianças, visitava aqueles shoppings lindos. Foi maravilhoso – lembra André.

Dentre os integrantes do *staff* poucos não iniciaram a caminhada na empresa há mais de uma década. Um deles é Felipe Eleutério de Souza, um paulistano formado em Análise de Sistemas e com MBA em Administração, que chegou ao grupo em 2017 com uma experiência importante na rede McDonald's. Quando saiu da franqueadora, ele enviou um currículo para a Levvo. Não demorou muito e recebeu o convite para ser consultor de Operações e Negócios.

— Eu absorvi rapidamente esse sentimento da equipe de que temos que entregar sempre o melhor. Quando temos uma nota ruim de avaliação, é visível a sensação da equipe de que podemos entregar mais – diz Felipe.

Enviar o currículo para a Levvo não foi uma decisão ao acaso. Felipe havia tido com Laura uma vivência profissional, quatro anos antes, quando foi encarregado de organizar um seminário para treinadores de restaurantes de Brasília e Goiânia a pedido da franqueadora. O *workshop* seria num hotel no Plano Piloto. A missão mais espinhosa era conseguir recursos suficientes para trazer o maior número de funcionários das franqueadas. Quando relatou à chefia as dificuldades com os custos e a liberação dos treinadores, foi orientado a pedir ajuda:

— Fiz uma carta para os franqueados de Brasília, entre eles a Laura. Descrevi os custos e as minhas necessidades para o evento, acrescentando o valor com que poderiam ajudar para que o evento fosse, realmente, diferenciado. A transparência do pedido tocou a Laura e, sem que eu soubesse, ela telefonou para o diretor de treinamento em São Paulo para parabenizar minha atitude. E depois fez a mesma coisa numa reunião presencial em São Paulo. No mesmo dia, o meu chefe me ligou: "Ela o parabenizou aqui na frente de todo mundo, agradeceu, tudo mais". Aquilo me marcou muito – recorda Felipe.

O evento foi um sucesso, muito além do esperado. Mas, para Felipe, o que ficou foi o fato de Laura ter guardado o trabalho dele. E depois, quando ele precisou, foi o nome dela que primeiro lhe veio à cabeça na hora de buscar a recolocação. O *feeling* de Laura para interpretar pessoas e fazer leitura da realidade a partir de uma única ação impressionou Felipe.

— Ela age fazendo um misto do delegar e do acompanhar de perto os processos. Delega para sentir, para saber se, te soltando, você vai abraçar e fazer. Mas, ao mesmo tempo, tem tudo no radar. Eu sei, por exemplo, que se eu não entregar o que está no escopo, em algum momento ela vai lembrar e me cobrar.

Outra faceta que o consultor de Operações e Negócios aprendeu a admirar em Laura é a maneira de encarar problemas.

— Ela enxerga coisas que outras pessoas não enxergam. Às vezes, sugiro cortar um valor que vai ajudar na lucratividade final. Ela: "Não, não. Você não vai cortar. Você vai gastar mais, porque assim vamos fazer com que as pessoas fiquem mais felizes, com isso vão trabalhar melhor e a venda vai acontecer". O pensamento é disruptivo. Ela faz o contrário. A Laura empreendedora é muito assim: você acha uma coisa óbvia; ela enxerga isso e no óbvio vê mil outras coisas diferentes. E dá certo. Eu tenho tentado puxar isso para mim: ver o diferente no óbvio.

O advogado e empresário Paulo Octávio conhece bem a veia inovadora de Laura. Os dois se aproximaram quando ela inaugurou lojas

McDonald's nos dois shopping centers administrados pelas organizações PaulOOctávio, o Tabatinga Shopping e o Ceilândia. Foi como cliente que Paulo Octávio percebeu a proximidade de Laura com os colaboradores. Entre um lanche e um cafezinho, o olhar atento do político e homem de negócios não deixou escapar o jeitinho com que Laura conduz os seus negócios e as relações com os empregados.

— Além de ser uma campeã de vendas, tem uma equipe muito bem treinada. Quando vou às lojas dela fazer um lanche ou tomar um cafezinho sou muito bem servido. Ela sabe treinar os atendentes, o faz com muita competência. São colaboradores dedicados que passam o bom astral dela, vem de cima para baixo. A mesma energia que ela passa para o pessoal de loja chega aos clientes, às ligações comerciais dentro do empreendimento, aos outros lojistas. A Laura mostra que dá para ter sucesso, dá para ter resultado, basta trabalhar – avalia Paulo Octávio.

O empresário brasiliense ressalta, ainda, o lado inovador. Para ele, Laura busca constantemente alternativas arrojadas. São ações que revelam traços de entusiasmo e que fazem dela uma empresária diferente:

— Uma mulher de negócios que está sempre otimista, acreditando no que vai fazer. E, aliado a isso, tem o bom humor. É participativa, luta pelos seus interesses, quer boas parcerias. Ela tem interesse, logicamente, em ter uma empresa crescente e uma boa ligação, no nosso caso com os shoppings, mas sem ficar reclamando das dificuldades. Está sempre sugerindo coisas positivas. Eu acho que nesse ramo de shopping centers amizade é tudo. Tanto o shopping como o lojista estão juntos num processo. Quanto mais sucesso o shopping tiver, melhor para o lojista. Quanto mais o lojista for entusiasmado com o shopping, melhor para ambos – assegura Paulo Octávio.

Essa veia inovadora ficou ainda mais evidente durante o período crítico da pandemia de coronavírus. Com os shopping centers fechados, os lojistas viram, da noite para o dia, o faturamento descer a zero. Laura teve que fechar quatro lojas, mas não se abateu. Convocou o consultor de Operações para discutir uma forma de driblar a mais desafiadora crise jamais enfrentada pelo varejo brasileiro. Felipe conta que ouviu da CEO um pedido, quase uma ordem: "Não vamos demitir ninguém. Vamos dar um jeito, correr atrás do faturamento para que todos os nossos colaboradores permaneçam com a gente".

— Nós dois estávamos conversando sobre o que fazer quando ela falou: "Vamos pensar em alguma coisa que a gente possa vender por WhatsApp e entregar por *drive-thru*. De repente, a gente consegue montar essa operação". Nessa hora eu visualizei, junto com ela, um lugar onde pudéssemos fazer isso e surgiu o *drive-thru* no estacionamento do Shopping JK – lembra.

O relacionamento estreito que Laura mantém com os superintendentes dos shoppings brasilienses facilitou as conversações para que a operação fosse implementada. Superado esse desafio, era hora de tirar o plano do papel: o cliente faria o pedido na tenda instalada na entrada do estacionamento, seria transmitido para a loja por rádio e entregue na tenda da saída. A operação foi precedida por uma ampla campanha de divulgação nas redes sociais.

— Ficamos três meses com a operação aberta. Divulgamos via Instagram, colocamos *front-lights*, fizemos publicações, claro, com autorização da Arcos Dorados. Eles testaram e avalizaram a operação. Foram atendidos 100 carros por dia. Conseguimos manter a equipe e tivemos uma das melhores performances entre os franqueados. Tudo porque inovamos – conta Felipe.

A operação foi um sucesso. Na abertura, o diretor regional da Arcos Dorados acompanhou a implantação para garantir os padrões da companhia. A ideia, inclusive, foi replicada por outros franqueados.

Outra iniciativa que arrancou comentários e causou controvérsia em toda a rede, mas acabou elogiada pela franqueadora e pela maioria dos franqueados McDonald's, foi a adoção dos banheiros unissex. Eles existem nas lojas de Laura há mais de 10 anos.

— Nós colocamos banheiros unissex porque fomos a primeira franquia a contratar pessoas trans. Pensando na dignidade, individualidade, no respeito e na privacidade, fizemos essa opção. Para preservar ainda mais, colocamos um box só para mulheres e outro só para homens, além do de cadeirante e do fraldário para atender as mães com crianças pequenas – conta Laura.

Fábio Prates, franqueado da marca McDonald's, acompanhou de perto a implementação dessa e de outras iniciativas de Laura.

— A ideia surgiu da urgência em contornarmos um problema da loja que ela tem no mesmo espaço de um posto de serviços. Havia um pessoal que usava o banheiro para se drogar, provar roupas vendidas pelos camelôs das redondezas. Eu sugeri que se fizesse um corredor com pias de um lado e sanitários do outro. Foi uma ideia que veio da necessidade, mas ela comprou na hora e falou: "É boa, vamos testar" – lembra Fábio.

Polêmicas à parte, a iniciativa vem conquistando a rede. Logo depois da implantação, o Mequi 1000 adotou o banheiro unissex e outros restaurantes estão aderindo.

Laura vinha inaugurando restaurantes e expandindo os seus negócios desde a virada do ano 2000, mas a dívida judicial decorrente do fim da sociedade com o cunhado e a irmã só foi quitada em dezembro de 2015. A essa altura, ela havia inaugurado o sétimo restaurante no Shopping Sul, em Valparaíso (GO). Foi quando a empresária sentiu ser o momento de reestruturar a empresa.

— Eu chamei a Fundação Dom Cabral para essa tarefa em 2016. Eles me ajudaram na reestruturação. Fiz uma auditoria, mentoria financeira e fui aprendendo. A Dom Cabral foi a virada de chave, porque eu terminei de pagar a minha dívida e tirei o nome LMO e LM da empresa. Não queria mais aquilo, a empresa era outra.

Sob a orientação da Dom Cabral, Laura colocou em prática o Programa Parceiros para a Excelência (PAEX) – voltado ao desenvolvimento de pequenas e médias empresas. Além disso, a fundação passou a dar consultoria e realizar ações de sustentabilidade financeira, de marca e de imagem, e de gestão que prepariam a empresa para crescer de forma organizada.

— Poucas pessoas têm a visão de investir nesse tipo de consultoria, de monitoria, porque é um valor alto. Mas a longo prazo você fica com uma gestão estratégica, como se fosse uma governança. Se você quer ter sucesso, quer estar bem preparado, é preciso estar embasado em grandes empresas de consultoria com a parte jurídica e legal. Eu sempre tive essa preocupação. Aprendi que a área financeira tem que ser técnica para o crescimento sustentável – diz Laura.

Quando 2017 chegou, estavam assentadas as bases para recriar o nome da empresa. Laura queria referências bem mais importantes: os filhos, Valentina e Enzo. O nome Levvo – de Laura, Enzo e Valentina Vieira de Oliveira – não foi uma mudança de fachada. Incorporou modernidade.

— O Grupo Levvo passou a ter a parte do varejo, que era a franquia do McDonald's; energia renovável, fomos os primeiros a colocar nos restaurantes McDonald's do Brasil; e o Instituto Levvo, cuidando das ações sociais que eu já fazia. Fizemos uma festa maravilhosa de 20 anos de empresa, com um almoço corporativo, com a presença da minha avó Maria Benedita e do governador do Distrito Federal. Aí tudo mudou na minha vida – comemora Laura.

A adoção do novo nome coincidiu com a inauguração da sede própria no edifício LED, de *design* supermoderno, mais adequado ao conceito da Levvo. O setor administrativo ocupa oito salas de um andar inteiro. Ali estão concentradas as cinco empresas do grupo: a Levvo Patrimonial; a Levvo Comércio, vinculada às atividades de varejo e franquias; a Levvo Energia, de sustentabilidade e energia solar; o Levvo Instituto, responsável pelas ações do Terceiro Setor; e uma *startup* para as necessidades de *help tech* e *delivery*.

No edifício do Taguatinga Shopping funciona o centro de treinamento Ray Kroc (nome do fundador do McDonald's), onde é ministrada a parte teórica do treinamento dos funcionários.

— Lá realizamos o dia da Engrenagem, com as aulas de orientação. O que é aula de orientação? Quando o funcionário entra na empresa, ele precisa saber tudo o que temos, o ecossistema, os conceitos de sustentabilidade, conhecer a visão, a missão, o que a gente espera dele. É um treinamento de três horas para ele sentir o que é ser um colaborador Levvo. Depois, fazemos um *tour* pela loja. Todos fazem o dia da Engrenagem, pode ser da área administrativa, pode ser um diretor. Ele vai assistir a essa aula e participar da visita ao restaurante para saber o que ele vai gerir, administrar – explica.

Com a Fundação Dom Cabral, Laura descobriu a própria força e o poder da sua organização. Assim que os consultores tomaram ciência dos meandros do negócio, estranharam que toda aquela estrutura de apoio e valorização profissional não tivesse, ainda, o merecido reconhecimento.

— Quando um dos consultores perguntou se não tínhamos selo da ONU e se nunca tínhamos participado do prêmio *Great Place to Work*, eu respondi que não. Eu nunca tinha parado para pensar nessas coisas, porque o dia a dia da empresa é muito difícil, exige muito – comenta.

A surpresa dos consultores da Dom Cabral tinha razão de ser. No ano anterior, a Levvo havia conquistado o prêmio Ray Kroc concedido ao restaurante do Shopping JK. A Levvo seria premiada em mais duas oportunidades, nas unidades do Alameda Shopping e no restaurante Taguatinga Centro. Além disso, a Levvo havia adquirido o direito a ter uma loja RCT – restaurante e centro de treinamento –, uma certificação que somente 12 lojas possuem no Brasil. Foi conquistada desde 2016, por atingir excelentes resultados nas avaliações de Treinamento, Operações, Marketing, Recursos Humanos, Manutenção e Segurança. O RCT tem por objetivo oferecer capacitação e desenvolvimento na formação de futuros talentos do negócio.

— No nosso caso, só melhoramos. Desde que conseguimos, nunca a perdemos. Temos um *compliance* tolerância zero, que aponta com clareza o que não se pode fazer. De acordo com a função, temos regras a serem cumpridas, de comportamento, de tom de voz, de comunicação, para não gerar nenhum ruído – explica Laura.

Laura não alcançou tal *expertise* ao acaso. Ela costuma dizer para quem quiser ouvir que as lojas são o seu quintal. É onde se sente à vontade, mesmo quando os problemas parecem não ter fim, como é o caso das obras viárias realizadas nas adjacências do restaurante Taguatinga Centro. A loja 24 horas perdeu 38% do volume de vendas por causa da interdição de vias e acessos.

— Eu tenho muito orgulho dessa loja de rua, no centrão de Taguatinga, porque era um quinto do que é agora. Era uma loja pequena, com 10 funcionários. Não vendia nada, era um horror, mas foi crescendo e hoje fatura 15 milhões de reais por ano. A loja está impecável, parece recém-construída, mas foi reformada. Eu trabalho com muita manutenção, o operacional fica melhor. Fizemos um bom projeto, pensamos no bem--estar das crianças – diz Laura.

Quem observa a CEO numa de suas lojas e a vê olhando para paredes, teto e cantinhos dos salões e da cozinha pode até pensar que ela está com a cabeça nas nuvens, absorta em pensamentos. Nada disso. Laura usa uma técnica para vistoria minuciosa dos restaurantes. Em cinco minutos consegue observar tudo e encontrar uma sujeirinha de molho respingado no chão, marca de copo na mesa, a lâmpada queimada, o furinho na parede ou a mancha no teto. É o que os especialistas em negócios chamam de visão em asterisco.

— Eu tenho que ser focada no que faço. Então como vou olhar tudo de uma vez? Eu não consigo se não cultivar o hábito. Na visão asterisco, primeiro eu vejo de cima para baixo, depois da esquerda para direita, fazendo a cruz com o olhar. Observo o som, o teto, o ar-condicionado, eu consigo ver tudo que você possa imaginar. Percebo a infiltração, o funcionamento da câmera de segurança, se tem alguma coisa errada – ensina.

Os consultores da Dom Cabral conseguiram identificar no Grupo Levvo ações que poderiam levar a empresa a integrar o *ranking* do *Great Place to Work* (GPTW). Além do alto nível do treinamento, relacionaram uma série de ações que dão à companhia essa oportunidade, como a contratação de refugiados – existem muitos venezuelanos, colombianos e imigrantes africanos trabalhando nos restaurantes –, além de pessoas LGBTQIA+.

A presença da Dom Cabral abriu os olhos de Laura para a agenda ESG (do inglês *Environmental, Social and Corporate Governance*), a governança ambiental, social e corporativa que trabalha em prol de objetivos que vão além do papel de uma corporação para maximizar os lucros dos acionistas. Laura, por exemplo, já se preocupava com o meio ambiente ao usar motos elétricas no *delivery*.

— Eu sou totalmente ESG. Trabalho a diversidade na contratação e na gestão, a ética e tudo isso converge para ESG. Isso tudo está em voga agora, mas eu tenho anos de prática, de experiência. Eu também tenho o meu propósito de cuidar das pessoas e do planeta, faço isso há muitos anos – diz Laura.

A primeira vez que a Levvo participou do GPTW, em 2018, ficou na 14ª colocação. No ano seguinte veio o tão sonhado prêmio: primeiro lugar na região Centro-Oeste. Em 2020, ano da pandemia, a empresa foi para o 20º lugar e, em 2021, voltou novamente a primeira colocação. Em 2022 acumulou mais uma vez bons resultados, sendo eleita a terceira melhor Média Empresa de Varejo para se trabalhar no Brasil.

Dorival Pereira de Oliveira Júnior, o vice-presidente de Franquia McDonald's, reconhece que as premiações do GPTW refletem um dos diferenciais de Laura entre o conjunto de franqueados. Trata-se, para além do prêmio, de uma preocupação com o sistema, de vê-lo crescer, de valorização:

— Com essa participação no *Great Place to Work*, no LIDE, ela está nos ajudando a ser mais conhecidos, valorizados. Eu costumo brincar que a marca do McDonald's é uma das mais valiosas do mundo. O trabalho de milhares de pessoas no sistema, no mundo inteiro, é que faz ela ter o valor que tem. E a Laura, assim como todos os outros franqueados e franqueadas, participa muito disso.

Permanecer no Top 10 das melhores empresas para se trabalhar é uma conquista árdua. Uma das premissas é manter os colaboradores satisfeitos, ainda mais num ramo como o de alimentação, onde o *turnover* é alto e o desgaste provocado pelo trabalho puxado é uma variável importante. Por isso, Fábio Prates considera o feito extremamente relevante:

— Não é um trabalho fácil porque demanda uma série de tópicos que o franqueado tem que cumprir e a satisfação que esses funcionários têm que estar gerando. É um prêmio abismal e ela está no Top 10 entre as empresas médias do Brasil. Isso não é irrelevante.

Para mostrar que a assertiva é real, o *turnover* nas lojas de Laura é um dos menores da rede no Brasil. Ela costuma dizer que seus colaboradores são anfitriões, pessoas com a missão de cuidar do bem-estar dos clientes. Mais do que isso: a intenção é antecipar necessidades. Exemplo de colaboradores dedicados e agradecidos é possível encontrar em todas as unidades. As jovens Loraine e Osmara, que trabalham na loja Taguatinga Centro, se encaixam nesse perfil.

Loraine Rodrigues Morais entrou como jovem aprendiz aos 17 anos. Foi o seu primeiro emprego, no qual pela primeira vez seria preciso interagir com muitas pessoas. Agora, já como anfitriã e com o objetivo de dar os próximos passos na área administrativa, ela cursa a faculdade de Gestão e Recursos Humanos.

— Eu me senti superacolhida. Estou há três anos na loja e sinto um prazer enorme de estar aqui. É muito bom ter uma mulher como referência – diz Loraine.

Já Osmara Regina Souza Ferreira vê em Laura uma mulher inspiradora. E ela não tirou isso do nada. A jovem, que começou esfregando o chão e limpando os vidros dos salões do restaurante, se prepara para se tornar gerente-assistente. Mas foi a partir de uma vivência no lar materno que a admiração pela empresária e pelo emprego aumentou. A mãe dela passava por uma depressão quando a jovem mostrou a ela um *podcast* de Laura em que a patroa discorria sobre a necessidade de sonhar com um futuro melhor:

— Me deu um estalo e eu resolvi mostrar o *podcast*. Conhecer a trajetória da Laura, que, como ela, era artesã, deu um gás para a minha mãe. Ela decidiu começar o próprio negócio. Criou uma empresa de mesa posta, usando o artesanato que ela produz, fez uma página no Instagram. Minha mãe se identificou muito com isso. Muitas vezes as pessoas pensam: cheguei aos 50 anos, já criei meus filhos, não tem mais nada para eu fazer. Não, não é assim. A dona Laura foi uma inspiração para minha mãe. Eu agradeço.

Pessoas como Osmara e Loraine têm oportunidade, uma vez por ano, de participar de um almoço com a presidente da empresa. O grupo é selecionado entre todos os colaboradores e não há restrições de cargos, salários ou origens. São 20 pessoas que vão passar uma hora e meia num encontro em que podem sugerir melhorias no trabalho, além de conversar e conhecer a presidente da empresa. A prática vem sendo adotada desde 2020 e cada sugestão, ideia ou novo conceito é trabalhado e pode ser implementado.

Dorival Júnior diz que franqueados com o perfil de Laura fazem a franqueadora andar para frente quando buscam ações diferentes e o desenvolvimento de pessoas. Esse posicionamento está alinhado com o negócio da franqueadora porque, como gosta de enfatizar o diretor de franquias da Arcos Dorados, o negócio é oferecer uma refeição para o cliente, mas é preciso mais do que isso: entregar uma experiência diferente, afinal um hambúrguer e um pão podem ser encontrados em qualquer esquina, mas no McDonald's tem de ser diferente:

— A Laura é uma franqueada que faz o sistema McDonald's crescer. Esse olhar acrescenta muito para nós. Porque em casos que não conseguimos nos movimentar rapidamente, eles nos forçam, fazem com que a gente aja em uma velocidade maior. Eles trazem essa energia, esse conhecimento. Trabalhamos juntos, em muitas coisas eles saem na frente, em outras somos nós, mas isso sempre acrescenta para o sistema – pondera.

Estar à frente de um grupo empresarial que emprega mais de 500 pessoas e que atende 250 mil clientes por mês exige muito mais do que formação e preparo. É preciso saber liderar. Amiga de Laura desde que chegou a Brasília, Tatiane Pires de Araújo é empresária, professora com formação em Administração de Empresas e mestrado e doutorado em Psicologia. Ela teve forte atuação na área de Recursos Humanos e diz que a amiga tem um estilo próprio de liderar.

— A Laura tem um perfil muito dela, uma verdade. Você não vai achar pessoas idênticas a ela. Até no estilo de liderar é perceptível uma identidade própria. Ela tem essa coisa do trator, mas também de mãe, de acolher os dela. Sabe o nome de todo mundo na empresa, conhece a vida das pessoas. É uma mescla: o lado mãe, o lado justiça. É uma grande líder – diz Tatiane.

A amizade entre as duas se traduz num gesto singelo, repetido todos os anos. Uma tradição que começou há muito tempo. Certa vez, no dia do aniversário, Tatiane foi à casa dela e pediu que colocasse uma fita no aparelho de vídeo: "É o meu presente", disse. Tatiana havia composto uma música e cantava para a amiga:

— Aquilo me arrepiou. São coisas que me surpreendem. Tatiane canta na igreja. Nós somos todos devotos de Nossa Senhora. Ela, do jeito dela, e essa família toda que me acolhe me trazem bastante inspiração – diz Laura.

Já a amiga Ana Maria Martins Noleto Soares ressalta, além do viés de liderança, a atuação de Laura em grupos que buscam o empoderamento da mulher, seja no dia a dia, seja no meio empresarial:

— A cada dia que passa ela está se abrindo para ideias novas. Ela não para, a cabeça dela é muito ágil. Quando deixou a sociedade com os parentes, despontou como liderança empresarial feminina em Brasília. Ela entrou em entidades como o Mulheres do Brasil, começou a criar os grupos que achava necessário serem criados, sempre com o objetivo de ajudar o outro.

Certa vez, Paulo Octávio encontrou Laura num dos shoppings e parou para conversar. O ex-senador se espantou ao saber que ela voltava, naquele momento, de uma visita a um funcionário numa das regiões administrativas mais carentes do Distrito Federal.

— Eu fiquei surpreso. Ela fazia questão de visitar os funcionários para conhecer onde e como viviam, como era a família e tudo mais. Isso é muito raro no meio empresarial. Me chamou muito a atenção, porque isso dá a ela uma visão estratégica da vida familiar dos empregados. Eu acho que ela conhece todos os colaboradores como a palma da mão – afirma.

Conhecê-los como a palma da mão pode parecer um exagero. Mas é fato que Laura se faz presente no contexto social em que eles vivem. Quem afirma isso com toda segurança é o supervisor de treinamento do Grupo Levvo Antônio de Deus Ávila Júnior. Formado em Administração de Empresas, com MBA em Processos e Projetos, ele chegou à empresa em 1999, quando mal havia completado 18 anos. Laura o acolheu como um filho. Custeou 70% das despesas com a faculdade, mas exigia que o funcionário lhe mostrasse as notas a cada bimestre.

No dia em que completava 20 anos de empresa, Antônio acordou com o burburinho de pessoas falando ao mesmo tempo. Mesmo no limiar entre o despertar e a sonolência, identificou a voz da patroa e pensou: eu devo estar sonhando. Como pode a Laura estar aqui no Valparaíso? Não só estava como levou junto a equipe de coordenadores, consultores e gerentes.

Valparaíso de Goiás, onde o Grupo Levvo inaugurou a quinta loja em 2010, fica a 35 minutos de carro do DF, já na divisa com o estado goiano.

A turma havia preparado tudo sem que ele se desse conta da surpresa. Levaram pães, biscoitos, geleia, manteiga, iogurte, café, leite, chá, queijo, presunto e frutas para um farto café da manhã, que incluiu um bolo cenográfico gigantesco:

— Eu fiquei surpreso. Só depois, quando escutei "parabéns!, você está fazendo 20 anos", é que me dei conta da data. Esse dia marcou bastante porque ninguém sabia, meus pais acharam que eu estava armando junto, organizado tudo junto, mas eu falei: "Não, não tenho a menor ideia do que está acontecendo". Eles me visitaram, levaram café da manhã, recebi um superbônus, um relógio top também, que tenho guardado até hoje. Aquilo ali me marcou bastante.

CRIANDO FORÇA PARA VOAR ALTO

Quando resolver fazer algo que deva ser feito com o coração, de forma verdadeira, faça-o com leveza e tranquilidade, para que seja natural e orgânico. Descubra o que te move e você o fará bem-feito.

Treinamento da equipe Levvo em 2006.
A presidente da empresa, de uniforme de
atendente, ensinando os seus colaboradores.
A educação continuada é um dos pilares
defendidos e praticados na Levvo desde o
início. Uma fórmula de sucesso.

Pioneirismo: uma das primeiras
mulheres a construir uma usina
de energia limpa no Brasil.

5. PURA ENERGIA

Quando dona Maria Benedita de Oliveira, acompanhada dos bisnetos Valentina e Enzo e ao som da música *With or without you*, da banda irlandesa U2, cortou a fita de inauguração, assinalando simbolicamente o início do funcionamento da Levvo Energia, todos ficaram emocionados com a conquista. Não podia ser diferente. Poucas eram as companhias no Distrito Federal, mesmo entre as de grande porte, que investiam na geração de energia limpa. A usina da Levvo seria a primeira construída pela iniciativa privada. Era a manhã do dia 28 de junho de 2019, e no telão instalado no Clube Naval de Brasília, às margens do lago Paranoá, os convidados acompanhavam as imagens do acionamento do transformador, realizado pela Companhia Energética de Brasília (CEB), que marcou o início das operações.

A Agência Nacional de Energia Elétrica (Aneel) contabilizava ao fim daquele ano em Brasília 45 geradoras do chamado autoconsumo remoto – quando existe uma área específica para captação da radiação solar. O Grupo Levvo seria o primeiro de médio porte a quebrar essa barreira na região Centro-Oeste, integrando-se ao seleto grupo de empresas capazes de gerar a própria energia.

Laura não cabia em si de alegria no comando da contagem regressiva para colocar a usina em operação. Na ocasião, José Humberto Pires, secretário de Governo do Distrito Federal, referiu-se a ela como "uma incomodadora do bem", destacando sua trajetória empreendedora. A fala foi recebida como um elogio, afinal foi graças ao espírito inquieto e à disposição para quebrar paradigmas demonstrados diariamente por Laura que a Levvo Energia foi criada.

— Estava à frente de uma empresa de médio porte, que à época reunia sete restaurantes e 18 quiosques da rede McDonald's. Com a instalação da usina, consegui gerar energia para 70% dos pontos de venda. Sempre fui ousada. Se é para tocar um projeto que seja grandioso, que faça a diferença – lembra Laura.

Desde o início ela enxergava a produção de energia não apenas como uma ferramenta de redução de custos, mas principalmente como um caminho para ampliar as ações do propósito da Levvo de cuidar do planeta.

— Eu tinha consciência de que estávamos dando um passo extremamente relevante, não só pela sustentabilidade como pela contribuição na qualidade e na segurança energética do Distrito Federal e do Brasil – afirma Laura.

A inauguração da Levvo Energia marcou as comemorações dos 21 anos do Grupo Levvo. O salão do Clube Naval foi decorado com grandes painéis sobre a história da empresa, que nasceu em 1998, passou a se chamar LMO em setembro de 2008 e se transformou em Grupo Levvo 19 anos depois de sua criação, em 2017.

— Foi um dia para marcar a minha história. Repassei toda a minha trajetória diante de mais de 200 pessoas, entre elas Paco Britto, então governador em exercício do Distrito Federal, Edson Garcia, presidente da Companhia Energética de Brasília, secretários de estado e grandes empresários, e isso foi muito bom. Poucos sabiam que eu havia chegado a Brasília com o sonho de fazer a vida como empreendedora. Tive a coragem de deixar um casamento e a terra natal para começar do zero numa cidade desconhecida para mim – enfatiza.

Poucas vezes Laura se sentiu tão orgulhosa e emocionada como naquele dia:

— A presença da minha avó e dos meus filhos me trouxe segurança. A data foi escolhida com muito carinho, pois remetia ao dia do aniversário do meu pai, Bernardo. Foi a maneira que encontrei para homenageá-lo. Era como se ele estivesse comigo, comemorando essa vitória. Na inocência da infância, o Enzo, vestido com um terninho, me disse: "Mamãe, estou me sentindo o presidente". Fiz questão de trazer para junto de mim todos os que me ajudaram a construir a subestação, a usina. Foi um momento mágico, um dia verdadeiramente extraordinário.

Desde que a usina entrou em operação, 70% das unidades de negócios do Grupo Levvo passaram a operar com fontes renováveis de energia, provocando menor impacto ambiental em toda a cadeia de valor. No ano seguinte, esse percentual subiu para 80%, demonstrando o compromisso de buscar cada vez mais fontes de energia limpas e sustentáveis. Em 2022, a meta de ter 100% dos restaurantes abastecidos com energia verde foi atingida. O primeiro contato que Laura teve com o setor energético foi durante o curso de Eletrotécnica na Escola Técnica Federal de Mato Grosso. Nessa época já admirava o trabalho realizado pelo braço de energia do Grupo Amper, fundado pelo tio Armando.

— O setor energético é algo que transforma. Eu achava o máximo as linhas de transmissão que a Amper construía, aquilo era motivo de orgulho para toda a família. Nunca passou pela minha cabeça, porém, que anos depois eu investiria na produção de energia para abastecer meus pontos de venda – confessa.

A ideia nasceu de uma conversa que Paulo, à época casado com Laura, teve com um vizinho. Logo que se mudou para o Lago Sul, o casal fez amizade com um diplomata da Embaixada da China. Um dia, despretensiosamente, ele perguntou: "Paulo, a Laura deve gastar muita energia nos restaurantes do McDonald's. Será que ela não gostaria de entrar em um consórcio de geração de energia?".

— O *insight* nasceu desse bate-papo de portão. Eu não tinha ideia de como funcionava esse tipo de consórcio, mas achei que seria interessante me informar. Pensei que poderia ser uma alternativa para diminuir os custos com energia, que respondiam por uma boa parcela dos gastos fixos das lojas. Ele garantia que a economia seria de 20%, em média, o que me encheu os olhos. Decidi marcar uma reunião no escritório. Nunca gostei de tratar de assunto sério em qualquer lugar, fora do horário comercial – conta Laura.

Nos primeiros minutos de conversa, enquanto o gerente da empresa de consórcio apresentava, de maneira entusiasmada, os benefícios do uso da energia fotovoltaica – principalmente em áreas planas, com alta incidência de sol ao longo do ano, como acontece no Planalto Central –, Laura se deu conta de que não queria participar de nenhum tipo de sociedade ou cooperativa para entrar no mercado de energia limpa. Gostaria de ter a própria usina.

— Assim que terminou a reunião eu disse para o Paulo: "Adorei, mas não vou integrar consórcio nenhum. Quem vai construir essa usina sou eu. E será no terreno que comprei da sua mãe". Era uma área de 2 hectares, na zona rural do Distrito Federal, a 35 quilômetros da Ponte JK – recorda Laura.

Paulo não tinha dúvida de que a usina viraria realidade, porque quando Laura colocava algo na cabeça não sossegava enquanto não atingisse os objetivos. Os primeiros estudos começaram em 2017. Assim como fizera com outros projetos, Laura mergulhou fundo no assunto. Conversou com especialistas, analisou atentamente a legislação, leu tudo que encontrou sobre projetos semelhantes feitos pela iniciativa privada. Quanto mais se informava, mais se assegurava de que se tratava de um bom negócio.

— O investimento era muito alto e o primeiro a me chamar de louca foi o contador. De cara, ele falou: "Para colocar a usina em pé você terá de fazer milagre". A minha resposta foi no mesmo tom: "Pois bem, vou bater um papo-cabeça com Nossa Senhora Auxiliadora e tudo dará certo". Quando fiquei sozinha, me ajoelhei junto à imagem da santa que tenho no escritório e disse: "Minha Nossa Senhora, quero construir muito a usina, como iremos fazer?". Rezei com fé. Cheia de energia, tracei o plano, fui atrás da parte burocrática, das exigências, de financiamento, porque eu não tinha dinheiro suficiente para assumir todo o projeto, mas tinha certeza de que dava para ser feito – revela Laura.

Embalado pela disposição da esposa, Paulo foi à reunião da associação do condomínio onde o terreno ficava, a fim de encontrar os proprietários dos lotes vizinhos. A ideia era comprar as áreas ao redor, porque os 2 hectares iniciais não seriam suficientes. Preparou o terreno, ergueu o muro e foi ao mercado buscar a melhor empresa para firmar parceria. Nessa fase, o aprendizado de Eletrotécnica foi de grande valia, lembra Laura:

— Eu ouvia a explicação dos fornecedores com atenção. Eles sequer sonhavam que eu tinha conhecimento na área. Quando percebia que o sujeito queria me enrolar com termos técnicos, rebuscando a conversa e projetando mais custos do que o necessário, eu tratava de encerrar a apresentação. A complexidade operacional de uma usina é bem menor que a de um restaurante do McDonald's. Trata-se de uma estrutura grande, porém possível de ser operada por duas ou três pessoas, diferentemente da loja, que conta com time de 60 colaboradores ou mais.

Por conta das especificações técnicas, manutenção e da liberação da concessionária, os contratos firmados são de longa duração, no mínimo 10 anos. Precavida, Laura fez um estudo minucioso sobre a demanda de energia de todos os seus imóveis, além dos restaurantes. Com base no levantamento, instalou a rede de distribuição usando fios mais grossos, que lhe permitissem ampliar a capacidade da usina.

— Mesmo gastando mais, aumentei a bitola do fio e preparei a subestação para as demandas futuras. Construí a subestação para suportar uma rede mais robusta. Tinha certeza de que isso ia acontecer. Essa sou eu, sempre pensando grande – diz.

Quando a construção da usina começou tudo era muito novo, da legislação à oferta de linhas de financiamento. Havia poucos fornecedores. Era necessário trilhar o caminho com cuidado, se cercar de garantias. O processo foi moroso. Era preciso esperar o Instituto Brasília Ambiental emitir as licenças que atestassem o baixo impacto ambiental da construção. Afinal, as exigências previam até casos em que animais silvestres entrassem em contato com os painéis solares. O órgão queria salvaguardas de que o bicho não se machucaria, recorda Laura:

— Quando se mexe com energia, tem de ser tudo muito bem cuidado, respeitando os estudos técnicos, não dá para se aventurar. O investimento também é alto, de alguns milhões. Eu me reuni com um comitê de gerentes no Banco do Brasil para tratar do financiamento, pedi ajuda ao presidente da Companhia Energética de Brasília, a empresários locais. A construção começou em 14 de outubro de 2018, três meses antes da aprovação do crédito. Eu já tinha erguido os muros, instalado a cerca elétrica, feito a terraplanagem quando o financiamento saiu. Jamais esquecerei a data: 23 de dezembro de 2018. A nossa usina virou referência da linha FCO do Banco do Brasil.

A construção, que levou oito meses para ser concluída, ficou a cargo da Strom Brasil, uma das líderes em energia fotovoltaica no país. No prazo previsto, a Levvo Energia colocou em funcionamento duas miniusinas de Geração Distribuída: uma com capacidade de 1 megavolt-ampere (MVA) e outra de 500 kilovolt-ampere (KVA), totalizando 1,5 MVA, energia que equivale à consumida por cerca de 3 mil casas populares por mês. No mesmo ano, Laura se filiou à Associação Brasileira de Energia Solar Fotovoltaica (ABSolar). Com os bons resultados amealhados em três anos de operação, a companhia deu início, em 2022, ao pedido de licença para começar o projeto da terceira usina.

Laura ressalta que as unidades criadas para geração de energia distribuída precisam estar ligadas à rede da concessionária pública – no caso de Brasília, a CEB, responsável legal pela liberação do recurso. Para tanto, teve de instalar postes ao longo de uma via rural, a fim de levar energia ponto a ponto, fazendo conexão com a estatal. Mais uma vez, o poder de convencimento de Laura falou mais alto. Não bastava querer instalar os postes, era preciso contar com a colaboração do vizinho. Logo descobriu que se tratava de José Celso Gontijo, fundador da JCGontijo Engenharia, um dos mais importantes empresários da área de construção civil do Distrito Federal, responsável por empreendimentos residenciais e comerciais, shopping centers e loteamentos de alto padrão em Brasília. Laura não se intimidou.

— Marquei uma reunião e expus a situação: se os postes fossem instalados no terreno dele, os custos seriam bem menores e o processo seria agilizado. Ele prestou bastante atenção no que eu dizia e respondeu: "Menina você chegou a Brasília outro dia e já está querendo colocar postes no meu terreno?". Eu respondi: "Sim, preciso do seu consentimento, porque do contrário a concessionária não conseguirá distribuir a energia produzida pela minha usina". Com um sorriso no rosto, ele me tranquilizou: "Vou te ajudar. Você é guerreira, trabalhadora. Vou pedir para o meu engenheiro te auxiliar. Veja onde será preciso colocar os postes. Quem sabe no futuro eu transforme a área em condomínio e não precisarei me preocupar com a rede de energia". O engenheiro não só me ajudou como intermediou as negociações com os demais vizinhos. Dei entrada na CEB e construí a rede por um terço do preço. Todos ficaram felizes – conta.

O propósito de cuidar do planeta pensando nas gerações futuras, que Laura instituiu como um dos pilares do Grupo Levvo, serviu de inspiração para que outras empresas, como a Brasal Refrigerantes, distribuidora da Coca-Cola, e a distribuidora de combustíveis Gasol, entre outros grupos, seguissem o mesmo caminho. Buscar alternativas para colocar energia limpa nas lojas passou a ser, também, uma preocupação forte na rede McDonald's. A Levvo seguiu as diretrizes da Arcos Dorados, que tem como uma de suas metas trabalhar com energia limpa em suas unidades. A Arcos Dorados inaugurou no primeiro semestre de 2022 três usinas solares – uma em Cotia (SP) e duas em Rio Paranaíba (MG) –, com capacidade anual de geração de 11.726 megavolt/hora (MWh). As plantas atendem à demanda de energia de 28 restaurantes e sete quiosques, evitando a emissão de 725 toneladas de CO_2 por ano, o equivalente a 4.500 árvores. A meta é buscar a cada dia novas práticas, para acelerar a agenda ESG.

— A Laura foi pioneira na produção de energia limpa na rede e se diferencia muito nesse pilar de sustentabilidade. A Arcos Dorados assinou os primeiros contratos no mercado livre de energia em meados de 2022 e ela já estava com as usinas funcionando há três anos. A economia gerada pelo uso de energia limpa nos restaurantes de Brasília serve de *business case* para outros franqueados, para a própria operadora. A Laura nos abastece com dados práticos, dizendo o que deu certo e o que não deu. É essa troca de experiências que faz com que o sistema cresça, se torne cada vez mais forte – afirma o vice-presidente de Franquias do McDonald's, Dorival Júnior.

Laura abriu caminho não só no McDonald's. Quem também se interessou foi Paulo Octávio. O empresário já acompanhava algumas iniciativas de Laura, e após visitar as usinas da Levvo Energia tocou adiante a ideia de criar mais um braço para o grupo empresarial PaulOOctavio. A PO Energy nasceu em dezembro de 2019, com capacidade de produzir 1,5 milhão de quilowatts/hora/ano, conta o empresário:

— Nós já vínhamos pensando nisso quando visitamos as usinas da Levvo. As conversas com a Laura nos ajudaram bastante a estruturar o projeto. Ela foi ousada, foi a primeira a ter essa visão, a fazer uma usina fotovoltaica em Brasília, o que motivou muitos empresários a seguir o mesmo caminho.

Em 2023, o Grupo Levvo estava estruturado em três frentes: Levvo Comércio, Levvo Energia e Levvo Instituto.

— São 463 colaboradores, muitos há mais de duas décadas na empresa, desde quando abrimos as primeiras lojas. Cuidar de pessoas sempre foi um dos principais pilares do grupo. Com esse objetivo, construímos na Torre Comercial do Taguatinga Shopping um centro de treinamento com estrutura para capacitar 40 pessoas. Lá realizamos seminários, palestras e reuniões. É nesse espaço que celebramos nossas conquistas, reunimos as famílias dos colaboradores para que conheçam a empresa onde os filhos trabalham – conta Laura.

Quem assiste às palestras ou divide com Laura as ações promovidas pelo Levvo Instituto percebe que a inquietude e a disposição para abrir caminhos ainda são sinais muito presentes no dia a dia da empresária.

Ao traçar na memória a linha do tempo do Grupo Levvo, Laura se dá conta de que 2019 foi o ano transformador, com o reconhecimento da força e dos avanços da companhia através de premiações importantes, como a concedida pela consultoria global *Great Place to Work* (GPTW), maior visibilidade para a agenda de sustentabilidade e de Laura como liderança empreendedora no Distrito Federal.

— Foi um marco importante na história do grupo. Conquistamos o primeiro lugar no Centro-Oeste e no Brasil no ranking das Melhores Empresas para Trabalhar da GPTW na categoria Média Empresa; fomos eleitos a melhor empresa para mulheres trabalharem. Os convites para palestras começaram a crescer, e o Grupo Levvo, a ser conhecido pela inovação, pela ousadia com que toca seus projetos. Foi o ano de nascimento da Levvo Energia e da criação do projeto Jeans do Bem. 2019 foi, sem dúvida, o ano da virada – comemora Laura.

CRIANDO FORÇA PARA VOAR ALTO

Mesmo que todos possam rir daquilo que você almeja, nunca deixe apagar dentro de você as suas crenças, a sua capacidade de realizar. Busque sempre se espelhar em pessoas que pensam grande, que realizam grandes feitos e que um dia se tornaram as maiores do mundo. Acredite em você! Sempre! Não desista nunca!

GALERIA DE FOTOS

1. Agosto de 1988, em Chicago (EUA): treinamento e rotina de visitas antes de assumir a franquia.
2. Laura em visita à Loja Histórica e ao Museu Mcdonald´s.
3. Um orgulho: bacharel em Hamburguerologia, pelo McDonald's Hamburger University

recursos humanos

terceirização em larga escala.

Eles não são empregados, são pessoas

Duas tendências estão mudando rapidamente a forma como as empresas administram talentos. E elas podem representar uma grande ameaça à sua maior vantagem competitiva

Por
Peter F. Drucker

6

Diário de Cuiabá

Cuiabá, quinta-feira, 24 de julho de 1997

Massas e saladas

Para o dia 26, próximo sábado, na Pousada do Penhasco, em Chapada dos Guimarães, Laurinha de Oliveira Corrêa, arma o Primeiro Almoço da Laurinha, regado a massas e saladas, ao som do DJ Vasquinho e com buffet de Leite Malouf.

1º ALMOÇO DA LAURINHA

DATA: 26/07/97, às 18 h. Horário: 13:00 às 18:00 h.
Buffet: Leite Malouf - "Massas e Saladas".
Local: Pousada Penhasco.
Bairro: Bom Clima (Chapada dos Guimarães).

PONTO DE VENDA: AMETUR TURISMO 624-1001
REALIZAÇÃO: 624-4022

RS 20,00 Bebida e almoço à vontade

UNIVAG

FUNDAÇÃO ESCOLA DE SOCIOLOGIA E POLÍTICA DE SÃO PAULO

Organizada em 1933

CERTIFICADO

A FUNDAÇÃO ESCOLA DE SOCIOLOGIA E POLÍTICA DE SÃO PAULO (FESPSP) E A ASSOCIAÇÃO BRASILEIRA DOS CONSULTORES POLÍTICOS (ABCOP) CERTIFICAM QUE *LAURA DE OLIVEIRA LIMA CORREIA* PARTICIPOU DO III CONGRESSO BRASILEIRO DE ESTRATÉGIAS ELEITORAIS E MARKETING POLÍTICO E DO I SEMINÁRIO PANAMERICANO SOBRE CAMPANHAS ELEITORAIS, REALIZADOS NOS DIAS 17 E 18 DE MAIO DE 1996, NO MELIÁ HOTEL, EM SÃO PAULO - SP.

SÃO PAULO, 18 DE MAIO DE 1996

CRISTINA MARIA COSTA JORGE
DIRETORA GERAL
FESP-SP

Duas mudanças extraordinárias vêm ocorrendo no mundo dos negócios sem que a maioria de nós tenha prestado muita atenção. Em primeiro lugar, um número espantoso de pessoas que trabalham para empresas não são mais empregados tradicionais dessas organizações. E, em segundo lugar, um número cada vez maior de em-

presas está terceirizando suas relações de emprego. Elas não administram mais os principais aspectos de suas relações com as pessoas que são, formalmente, seus funcionários. Essas tendências não devem se reverter tão cedo. Na verdade, provavelmente vão se acelerar. E estão ocorrendo por alguns bons motivos, como veremos.

Peter F. Drucker é professor de ciências sociais e administração da Escola Superior de Administração Peter F. Drucker, da Universidade Claremont, na Califórnia.

Dito isso, a atenuação das relações entre as pessoas e as organizações para as quais trabalham representa um grave perigo para os negócios. Uma

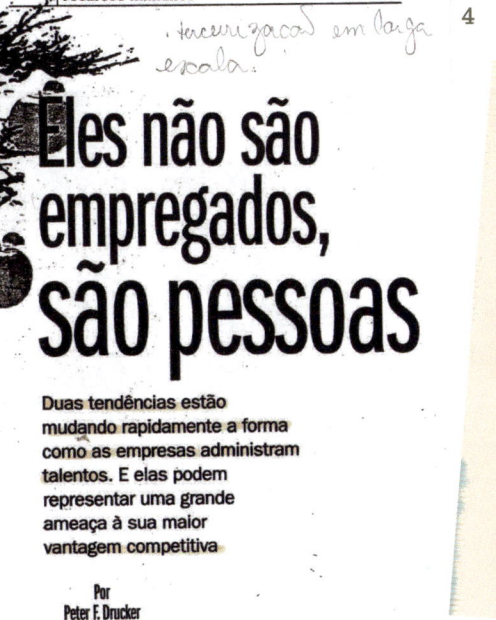

FEVEREIRO/FEBRERO
SÁBADO/SABADO 21

FEVEREIRO/FEBRERO
SEGUNDA/LUNES 23

5

4. Atualização constante com os grandes nomes do empreendedorismo

5. Sempre que ia fazer uma compra importante fazia três orçamentos, mostrando cuidado e preocupação com o dinheiro. Anotava na agenda para garantir a organização.

6. Eventos realizados na Chapada dos Guimarães: sucesso de público e destaque na mídia. Bom relacionamento com a imprensa e muitas parcerias com grandes empresas da cidade devido a sua ética e organização.

7. Atualização sobre Estratégias Políticas na Escola de Sociologia e Política de São Paulo.

7

1

2

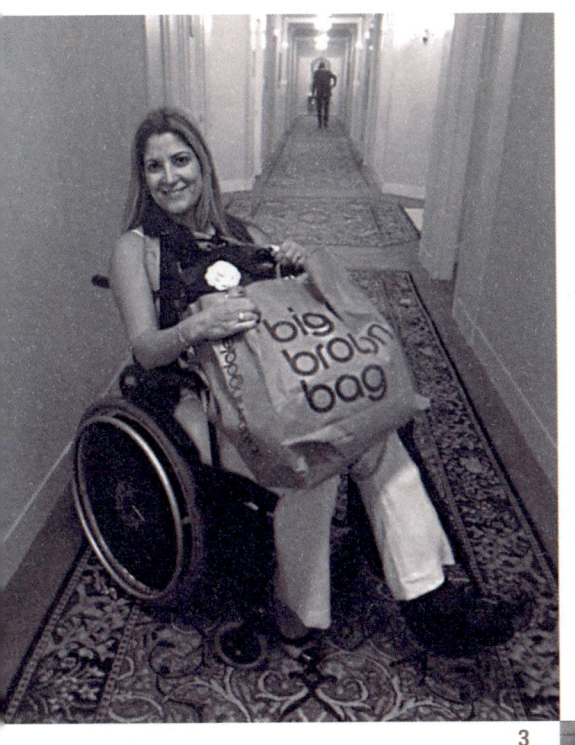

1. Em Brasília, como franqueada McDonald's, sempre participava de eventos. Na foto com Paulo Octávio um dos maiores empresários de Brasília e Deputado Federal na época.

2. Na formatura do MBA em Estratégia Empresarial, na Fundação Getúlio Vargas, em 2001.

3. Em Nova York, a cidade mais acessível do mundo, para se recuperar de uma cirurgia

4. Expo Management, da HSM: Laura investia em conhecimento e participava de eventos de grande porte para aprender com líderes que admirava.

5. Os roteiros de arte e cultura não ficam de fora nas viagens internacionais

3

4

5

1

2

1. A benção das instalações de uma loja nova: uma tradição.
2. A ilustre presença do empresário Paulo Octavio na inauguração do Mc Café no Taguatinga Shopping.
3. Dezembro de 2010: Inauguração da loja Valparaiso de Goiás.

3

1

2

3

4

5

1. Enzo brincando no triciclo.

2. 8 de fevereiro de 2012, um dos dias mais felizes da minha vida. Foi quando tirei minha pequena Valentina da UTI após 16 dias. Ela tinha 2,2 quilos.

3. Enzo também nasceu prematuro com 35 semanas, mas conseguimos levá-lo bem e saudável para casa.

4. Mesmo com o segundo filho completando dois meses, Laura viajou com a família para receber o prêmio Ray Kroc nos EUA.

5. Laura montou uma sala de amamentação em seu escritório, tipo uma brinquedoteca. Levava a babá e filhos para o local de trabalho. Ela nunca parou e três dias depois de cada parto, já estava trabalhando.

1. Laura gostava de passar momentos com os filhos e, sempre que podia, passava quatro ou cinco dias em uma viagem de navio.

2. Em 2015, Laura preparou uma festa para 400 pessoas para celebrar a conquista de ser mãe de Valentina e Enzo aos 39 e 41 anos.

3. Sempre aproveitando os momentos preciosos com os filhos, incentivando exercícios, aprendizado e estudos.

4. Banhos de cachoeira, esporte e conexão com a natureza. Atividades que refrescam a alma e gera bem-estar com a família.

1

3

1. Janeiro de 2018 em Chiang Mai, na Tailândia: Laura conhece mais de 50 países e sempre faz a experiência do cliente em uma loja McDonald's.
2. Laura sempre teve um ritmo muito acelerado no trabalho e as viagens serviam como uma pausa para se reconectar com a vida.
3. Jogando com Valentina e Enzo: momentos importantes com os filhos em casa.

2

1

2

3   4

1. Na construção da usina, no terreno onde seria instalada as placas fotovoltaicas. Adoro uma obra! Sempre atenta a todos os detalhes e na gestão da construção.

2. 1º lugar do GPTW em 2019 no ranking de Médias Empresas nacional.

3. Livro que mudou a vida da Laura, presente do sr. Ely Horn em 2019.

4. Um dos livros que servem de inspiração para a Laura.

5. 28 de junho de 2019: dia da inauguração da Levvo Energia, um dia para guardar na memória.

5

PARTE IV

A MULHER INSPIRADORA

PARTE IV

A MULHER INSPIRADORA

PARTE IV

Inauguração do Centro Profissionalizante Maria Benedita Martins de Oliveira. Cursos de costura para mulheres em situação de vulnerabilidade em parceria com o Senai-DF. Realizando transformação social na prática com geração de renda.

1. UM OLHAR PARA O OUTRO

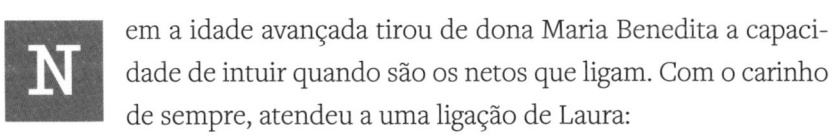

Nem a idade avançada tirou de dona Maria Benedita a capacidade de intuir quando são os netos que ligam. Com o carinho de sempre, atendeu a uma ligação de Laura:

— Oi, minha rainha! Está tudo bem com a senhora? – perguntou.

Com a voz pausada, a avó respondeu:

— Oi, meu amor, Deus te abençoe. Por onde você anda?

— Estou em Brasília, vovó – disse Laura.

O telefonema era para contar à avó sobre os avanços na implantação de um centro profissionalizante. Era um sonho antigo. Desde pequena, Laura tinha a intenção de criar um espaço onde pessoas em situação de vulnerabilidade pudessem aprender um ofício e ter a chance de gerar renda. Com o Levvo Instituto, a vontade se tornou mais forte, principalmente com a diplomação das primeiras turmas do curso de Corte e Costura. Prestes a inaugurar mais um ateliê, Laura queria a opinião da avó sobre o nome que daria ao local. Sem rodeios, perguntou:

— Vovó, coloco o nome da senhora ou o do tio Dante?

Dona Maria Benedita respondeu com outra pergunta:

— Qual o nome que você pensou primeiro?

— O seu – respondeu Laura.

— Então deixe como está – disse dona Maria Benedita com uma ponta de orgulho.

Laura tem uma conexão forte com a avó e ficou emocionada em compartilhar a realização de mais um sonho com quem a inspirou tantas vezes. Por conta da idade, dona Maria Benedita não pôde comparecer à inauguração, mas insistiu em gravar em vídeo uma mensagem incentivando as formandas a acreditar no futuro.

— Foi maravilhoso, um dia inesquecível, não só pelas mulheres que, orgulhosas, recebiam seus diplomas, como para mim – lembra Laura.

A inspiração para Laura criar o Programa de Oficina Mais Renda – e mais tarde o Centro Profissionalizante Maria Benedita Martins de Oliveira – veio da avó, que ensinou a todos os filhos e netos a importância de estudar, cuidar da família, se colocar no lugar do outro, ajudar os mais necessitados e sempre ter humildade.

— Eu sempre vi a vovó na sua máquina de costura ajudando as pessoas que por lá apareciam. Eu não cozinho, mas me viro bem na costura, muito por influência dela – conta Laura.

A iniciativa foi feita em parceria com o Senai-DF e o primeiro curso de Corte e Costura para mulheres em situação de vulnerabilidade foi instalado em junho de 2021 nos arredores de Brasília. Foram duas turmas com 32 alunas inscritas. Pouco tempo depois, foram inauguradas outras salas no Morro da Cruz, na região administrativa de São Sebastião e em Taguatinga. Desde agosto de 2022 o programa tem espaço próprio, moderno e bem equipado, em Taguatinga, próximo aos restaurantes McDonald's da Levvo. São 16 máquinas de costura, entre retas, overloques e galoneiras, nas quais foram formadas mais de 150 mulheres na arte da costura.

— O programa nasceu com a proposta de realizar transformação social na prática, mudando para melhor a vida das pessoas. Não adianta fazer caridade pela caridade. É preciso educar as mulheres em várias frentes. Eu sempre me norteei por um provérbio chinês do filósofo Lao-Tsé que diz: "Dê ao homem um peixe e ele se alimentará por um dia. Ensine o homem a pescar e ele se alimentará por toda a vida". A ideia das oficinas não é só garantir capacitação técnica, mas também orientar sobre finanças e cuidados pessoais, treinar a coragem para vencer as dificuldades. Nós também apoiamos as mulheres com cestas básicas, para garantir o comprometimento da família e exercitar a disciplina. Mas, para que os resultados apareçam, elas precisam enxergar valor no que estão fazendo, vislumbrar novas oportunidades para o futuro – afirma Laura.

A advogada e amiga Daniela Echeverria afirma que posturas como essa diferenciam Laura da maioria:

— A Laura tem um lado social muito forte, mas toda a vida ela acreditou que a geração de renda é que leva à transformação social. Essa visão é muito interessante. A doação, claro, é importante. Aliás, a caridade é bíblica. O donativo, porém, tem prazo para acabar. As pessoas precisam aprender a produzir, a lutar por uma vivência mais digna. É isso que a Laura defende em seus trabalhos sociais.

A implantação das oficinas de costura vai além da instalação dos equipamentos e garantia de capacitação com profissionais especializados. O espaço cedido pelos parceiros, na maioria das vezes, requer melhorias. Uma nova pintura, troca de telhas, reforma dos banheiros. Laura não delega a ninguém o trabalho de vistoria. Realiza a tarefa com amor e enxerga detalhes únicos. Sempre conta com o trabalho de parceiros aplicados, como Renato, André, Fernanda, Adriano e tantos outros ao longo dessa jornada. A empresária e parceira Tatiane Regina de Araújo lembra que quando o padre Vanilson da Silva ofereceu o espaço da Casa de Acolhida Madre Teresa de Calcutá, no Morro da Cruz, a estrutura precisava de reparos.

— A Laura fez uma reforma grande com a ajuda de voluntários. Meu marido, que é engenheiro, assumiu uma parte; a arquiteta que trabalha para ela ficou responsável por outra. Só a troca do telhado custou uma fortuna. Mesmo assim, ela não recuou. Rapidamente uniu a boa vontade do engenheiro com a disposição da arquiteta e do mestre de obras e colocou a obra para rodar. A Laura costuma dizer que a junção de tempo, esforços, agendas e propósitos com oração é capaz de realizar muita coisa. Eu não tenho dúvida. Sempre digo que o Mais Renda é mais do que uma ação filantrópica, é a soma de esforços para que a transformação social realmente aconteça – afirma Tatiane.

O Levvo Instituto é responsável pela montagem das oficinas, disponibiliza matéria-prima e seleciona as turmas, enquanto o Senai entra com o conteúdo técnico e os professores. Ao final, as alunas recebem um diploma.

— É um trabalho que exige dedicação. Nós respondemos não só pela estrutura física do curso, mas também pela gestão das turmas de costura. Cuidamos para que não haja evasão, servimos lanche, porque ninguém aprende de barriga vazia. Promovemos um ciclo de palestras socioemocionais, sobre educação financeira, noções de matemática básica, por conta das medidas dos moldes. Realizamos palestras sobre como se tornar um Microempreendedor Individual, mas também sobre autoestima e relacionamentos tóxicos. Não é só ensinar a costurar, vai muito além disso. Ajudamos a aumentar a confiança e a autoestima, resgatando a dignidade dessas mulheres – afirma Laura.

Fernanda Celestino não esquece a emoção de Laura durante a formatura da primeira turma do Mais Renda, principalmente quando, de surpresa, as alunas desfilaram exibindo os modelos confeccionados por elas.

— Ela ficou feliz porque as mulheres nunca tinham costurado. Fizemos o desfile com a coleção do Jeans do Bem, mas eu não tinha ideia do impacto que isso provocaria na Laura. Quando ela viu, ficou emocionada, porque é um projeto criado por ela, a concretização de um sonho – conta.

Desde a criação, a Oficina de Costura Mais Renda formou sete turmas, impactando mais de 500 pessoas. O programa é uma das paixões da empresária e o primeiro estruturado pelo Levvo Instituto. Em pouco mais de quatro anos recebeu várias distinções, entre elas o Selo Social, certificação concedida pelo Instituto Abaçaí a pessoas jurídicas que implementam projetos com impactos sociais positivos.

— O Selo Social ratifica nosso compromisso de atuar junto às comunidades do entorno das áreas de atuação do Grupo Levvo, além de dar a nossa contribuição para um futuro mais sustentável ao planeta – afirma Laura.

Todos ainda comemoravam a conquista do Selo Social quando Laura foi surpreendida com uma notícia que a encheu de orgulho: o Grupo Levvo era um dos vencedores do Prêmio WEPs Brasil 2021 – Empresas Empoderando Mulheres. O prêmio, uma iniciativa da ONU Mulheres e do Pacto

Global – que conta com apoio da União Europeia e da Organização Internacional do Trabalho (OIT) –, incentiva e reconhece os esforços das organizações que promovem a cultura da equidade de gênero e abrem espaço para afirmação das mulheres no Brasil, tomando como base os Princípios do Empoderamento das Mulheres, dos quais a Levvo é signatária.

— Foram 159 empresas inscritas e apenas 100 reconhecidas. Dessas, 77 receberam o troféu. A Levvo era uma delas. Imagine a minha emoção quando anunciaram os vencedores do ano e nós estávamos ao lado de companhias como Natura, Grupo Boticário e Ambev. Eu chorei de felicidade – lembra Laura.

A celebração reuniu mais de 800 pessoas. Laura fez questão de que as lideranças do Grupo Levvo participassem daquele momento especial, afinal sem a colaboração de todos não se alcançaria tal resultado. Um dos pontos altos da cerimônia foi a mensagem deixada por Ana Quirino, gerente do Programa da ONU Mulheres no Brasil:

Cada vez fica mais evidente que nenhuma instituição sozinha pode alcançar grandes transformações. A busca pelo desenvolvimento sustentável depende de alianças estratégicas e depende de as empresas se engajarem ainda mais em ações por mais igualdade, para que não deixemos ninguém para trás.

Laura nunca teve dúvidas de que o engajamento dos colaboradores, independentemente da função, era essencial para que programas filantrópicos realizados pelo grupo ganhassem corpo e impactassem grande número de pessoas. Desde a juventude, ela reservava parte do seu tempo para ajudar os outros. Não media esforços para buscar donativos, mobilizar lideranças políticas e o empresariado para garantir o mínimo de estrutura aos mais necessitados. Não foram poucas as vezes em que tirou dinheiro do bolso para atender quem precisava. Mas era uma só, seu alcance era limitado.

— Pedia dinheiro para todos que passavam na minha frente, para furar poço artesiano, arrumar goteira, plantar horta, ajudava a conseguir bolsa de estudo, tudo que estivesse ao meu alcance para ajudar o próximo.

Sempre vislumbrei o propósito que tinha por trás do auxílio. Nunca gostei de dar dinheiro na mão da pessoa. Procurava ajudar pagando as contas, organizando as dívidas em planilhas e orientando a administração do dinheiro. Alguns, quando se reequilibravam, devolviam o dinheiro emprestado. Outros não. Mas isso não tinha importância – diz Laura.

Fábio Prates, franqueado do McDonald's, costuma dizer que conhecemos as pessoas pelos pequenos gestos. Desde que conheceu a Laura, ainda como executivo da Arcos Dorados, percebeu o quanto o cuidar do outro fazia parte da vida da empresária.

— Não é marketing, é algo verdadeiro. Laura traz essa cultura com ela e procura disseminar entre os colaboradores e parceiros. Uma vez ela me contou que havia comprado uma cadeira de rodas porque tinha quebrado o tornozelo. A cadeira estava encostada desde que ela se recuperara e a ideia era doá-la a quem precisasse. Minha esposa conhecia um cadeirante amputado. Não tinha nem os braços nem as pernas. Sem pensar duas vezes, Laura me perguntou: "Quando podemos marcar a entrega da cadeira?". Fomos juntos até Valparaíso entregar a cadeira, que era leve e possível de ser dobrada facilmente. Foi uma ação gratificante. Precisava ver a alegria do homem e das irmãs. É no detalhe que percebemos como a Laura é diferente. Ela precisa disso? Não. Tem tempo para fazer? Também não. Mas é a primeira a dizer: "Eu vou ajudar" – afirma Fábio.

No íntimo, porém, Laura sentia que por mais que fizesse aos olhos dos outros ainda era pouco, tinha condições de fazer mais. A virada de chave aconteceu em fevereiro de 2018, após o incêndio que consumiu parte das instalações da Creche Alecrim, na periferia de Brasília.

O fogo começou quando as cozinheiras finalizavam o almoço. Um dos fornos explodiu. Pelo menos 80 crianças estavam na instituição, 17 delas eram bebês de colo. Ninguém ficou ferido, os bombeiros conseguiram apagar as chamas rapidamente e os próprios funcionários retiraram as crianças. O prejuízo foi grande. A cozinha ficou destruída, não dava para aproveitar nada. Assim que soube do ocorrido, Laura começou a mobilização:

— Liguei para vários empresários de Brasília e consegui levantar um bom dinheiro. Com a ajuda de voluntários, reerguemos a cozinha em uma semana. Foi tudo muito rápido, mesmo tendo um agravante: o incêndio aconteceu numa quarta-feira, a uma semana do Carnaval. Mesmo assim consegui mobilizar muita gente. A creche funciona em Estrutural, onde era o antigo lixão. É uma região muito carente, perigosa. Não tinha como deixar as crianças sem as instalações da Alecrim.

A cada desafio, Laura se perguntava: "Onde poderia chegar se tivesse mais condições?". Foi uma provocação do contador Paulo Schimdt, logo depois do incêndio, que mexeu com a Laura:

— Você não acha que precisa organizar as doações? Por que não estruturar o pilar social da empresa com a criação de um instituto?

Era tudo o que a empresária queria ouvir. Rapidamente reuniu os funcionários mais próximos, um grupo pequeno de não mais do que seis colaboradores, e disse: "Eu quero montar um instituto e gostaria da ajuda de vocês". Detalhou a ideia e lembrou de algumas iniciativas feitas em Planaltina e Ceilândia que poderiam ganhar ainda mais impacto com a criação de uma entidade com CNPJ. Mal tinha acabado de expor a ideia e ouviu o esperado: "Sim, pode contar conosco". Ela sabia que a tarefa não seria fácil. Já tinha se frustrado uma vez, em 2005, quando decidiu abrir uma organização não governamental (ONG).

— Eu disparei diversos *e-mails* detalhados sobre o projeto, com o objetivo de engajar pelo menos nove pessoas na causa. A abertura de uma ONG exige um número mínimo de participantes, montagem de um conselho, criação de estatuto. Eu estudei a fundo o assunto, mas acabei desistindo por não conseguir parceiros que abraçassem a causa – conta Laura.

Dessa vez seria diferente. Paulo Schimdt se incumbiu de cuidar da parte legal enquanto Laura e Juliana, com ajuda de parceiros, elaboravam o estatuto. O instituto materializa um sonho acalentado desde a juventude. Nasceu com o firme propósito de promover a transformação social através da geração de renda. E, para tanto, mereceu uma data especial para ser oficialmente criado. Laura ligou para dona Maria Benedita e perguntou: "Vó, qual é o dia de Nossa Senhora Auxiliadora?". A avó respondeu: "24 de maio". Essa foi a data escolhida para o início das atividades do Levvo Instituto, em 2018.

A primeira iniciativa com a assinatura do Levvo Instituto foi a criação e registro do projeto Jeans do Bem. Em 2000, quando viajou ao Egito pela primeira vez, Laura se deparou com marcas globais espalhadas por todo canto. Na volta, decidiu que uma de suas metas seria construir uma marca global.

— Eu sempre fui sonhadora e nunca pensei pequeno. Nos meus sonhos eu dizia: "Quero ter uma marca como a Havaianas, que é reconhecida em todos os lugares, que está no mundo inteiro". Também projetava fazer algo ligado ao jeans. Todo mundo usa, todo mundo tem, é democrático. Isso ficou na minha cabeça por anos – revela Laura.

A marca global continua sendo uma meta para o futuro, mas a adoção do jeans como instrumento de transformação social virou realidade. Nas visitas às lojas da rede espanhola Zara, em Nova York, chamavam atenção algumas caixas colocadas estrategicamente com o cartaz "Traga suas roupas". Eram pontos de coleta para os clientes depositarem peças que não tinham mais serventia para eles, mas que podiam ganhar um novo destino ou serem transformadas. No Brasil, a Puket tinha uma proposta semelhante, o Meias do Bem. Meias velhas, furadas ou sem par, viravam cobertores para serem doados a instituições que trabalham com pessoas em vulnerabilidade. Laura se inspirou nessas iniciativas para criar o Jeans do Bem.

— O Levvo Instituto precisava ter uma identidade, uma marca que fosse forte. Foi quando decidi que faria das nossas lojas do McDonald's pontos de coleta de jeans usados, que seriam transformados em produtos, cuja renda reverteria para ações sociais. Registramos o nome do projeto como Jeans do Bem no mercado nacional e Friendly Jeans no exterior. A iniciativa vingou e posso afirmar com orgulho que o instituto tem um produto com três atributos muito fortes: transformação social, geração de renda e economia circular. É a agenda ESG colocada em prática – afirma Laura.

No início, a coleta foi pequena. Aos poucos, porém, os frequentadores dos restaurantes foram conhecendo o projeto, entendendo a importância da economia circular, e o volume foi crescendo. Já foram doadas centenas de peças, incluindo produtos de lona, como os usados em *banners*. Depois de higienizado, o índigo ou a lona viram matéria-prima para a fabricação de mochilas, *nécessaires, ecobags*, peças de roupas e porta-óculos, que são vendidos na loja virtual da Levvo. Além de gerar renda para pessoas carentes, o projeto garante caixa para iniciativas filantrópicas do instituto.

— Desde o início a ideia foi criar peças úteis, que despertassem o interesse das pessoas. Pedi a uma *designer* amiga que me ajudasse na criação dos modelos. Ela fez as peças-piloto e, a partir delas, o Senai, desenvolveu o manual de produção do Jeans do Bem. É tudo bem detalhado, explica o passo a passo de como compor a grade de numeração no caso de vestuário, aproveitar melhor as peças usadas, seguir os procedimentos do controle de qualidade. Com uma coleção diversa, entramos na moda – diz Laura.

Parte dos produtos é produzida pelas mulheres das oficinas de costura. O restante é feito em parceria com cooperativas ou com costureiras individuais. Cada item é único, o que agrega um valor maior para a sociedade. O programa também gera educação e renda para as comunidades de origem das costureiras, uma vez que as alunas são remuneradas pelas peças confeccionadas durante as aulas.

— Desenvolvi a coleção Jeans do Bem realizando um sonho que sempre esteve no meu coração. A produção ainda é pequena porque faltam recursos. Mas as ideias são bem estruturadas e estão prontas para ganhar escala. O *e-commerce* também é incipiente, porque tudo é feito sob medida. Não temos pronta-entrega, não há dinheiro para compor estoque. Mas o importante é a semente ter sido plantada, o instituto ter virado realidade e a Levvo ter começado a inspirar pessoas e empresas a olhar para o terceiro setor com mais atenção – declara.

Promover capacitação e novas oportunidades nas áreas onde o grupo atua é um dos desafios do Levvo Instituto. Com esse foco, Laura adotou o mesmo modelo de parceria da Oficina Mais Renda para oferecer formação na área de energia. O setor é um dos mais promissores do país e carece de mão de obra especializada. Por que não juntar as duas pontas?, pensou. Além de abrir as portas da Levvo Energia para os alunos do Senai-DF, o Levvo Instituto, junto com o governo do Distrito Federal, colocou para rodar uma unidade móvel de ensino formando novos profissionais no curso de Eletricista de Sistema Fotovoltaico, que faz parte do programa DF Inovatech.

— É uma carreta linda, que se transforma em sala de aula para alunos de nove regiões carentes do Distrito Federal interessados em atuar na área de energia. A primeira turma recebeu o certificado na sede da usina, quando completávamos três anos de geração de energia limpa e renovável. Ao mesmo tempo que promovemos transformação social, ajudamos na formação de mão de obra qualificada para um setor que tem muito potencial para crescer – afirma Laura.

Muitas ações colocadas em prática pelo instituto emergem da demanda da própria população carente, mas outras nascem das conversas que Laura tem com frequência com a equipe do Senai e com a comunidade. Foi assim que se consolidou a proposta de instalar um laboratório de eletrotécnica móvel, lembra Laura:

— Vamos trocando ideia. Eles sabem que eu sou ponta firme e dizem: "Laura, você topa?". E eu assino embaixo e corro para tirar o projeto do papel. No caso do laboratório, a Levvo Energia entrou com a verba e a estrutura, o Levvo Instituto assumiu a gestão e o Senai responde pela parte técnica. É assim que a gente consegue envolver todos os braços da empresa, gerar um valor significativo, promover a transformação social cuidando das pessoas.

Investir em educação é um dos principais objetivos do Levvo Instituto, que desde o início integra a rede Junior Achievement, apoiando como mantenedor os programas de educação para jovens estruturados em três pilares de atuação: preparação para o mercado de trabalho, empreendedorismo e educação financeira.

Nem sempre as ações são grandiosas e envolvem parceiros de renome. Muitas vezes são atividades que visam a integração com comunidades no entorno das lojas da rede McDonald's. Mensalmente, o Levvo Instituto realiza a Gincana Bom Vizinho, envolvendo funcionários e moradores em uma competição solidária que resulta na arrecadação de alimentos, doação de sangue e visita a instituições. Outras vezes, o instituto se une a outros grupos dos quais Laura faz parte, a exemplo do Mulheres do Brasil, para participar de atividades conjuntas. Foi o caso do projeto Mais Cor, Mais Amor, que levou alegria aos moradores da Ceilândia ao executar a pintura de 38 casas, praça e quadra esportiva, localizadas próximas ao Abrigo Bezerra de Menezes e à Escola Classe 26, além da recuperação da rampa de acesso para cadeirantes.

— Recuperamos a quadra, bancos, iluminação, deixamos tudo em ordem. Eu coloco a mão na massa, gosto de tudo bonito e arrumado. Quando nós fomos pintar as casas foi preciso pedir autorização aos moradores. Eu chegava, conversava, pedia para tomar um cafezinho e saía com a autorização. Sempre gostei de escutar as pessoas e aprender com elas. Foi um projeto lindo. Houve uma época em que não tinha mais luz nas ruas, porque as lâmpadas dos postes estavam queimadas. Fui atrás da companhia de energia, pedi para trocar as lâmpadas. Fazemos de tudo um pouco, limpamos terreno baldio, colocamos banco na praça, arrumamos a quadra esportiva. A Ceilândia é a região próxima das minhas lojas e eu fico atenta às demandas. Falo com um, falo com outro e em pouco tempo damos um jeito – conta.

A empresária Ana Maria Soares, amiga que acompanhou de perto o processo de criação do Levvo Instituto, não tinha dúvida de que Laura faria do pilar social um dos grandes diferenciais da companhia.

— A Laura sempre foi muito objetiva, rápida na tomada de decisão. Quando eu pensava que ela ainda estava estruturando uma ideia, já estava colocando em prática. A ação social solidária é algo intrínseco para ela. Se a Laura chegar em um local e ver uma pessoa com algum tipo de necessidade, ela procura ajudar. Na maioria das vezes, pensa em criar um projeto que resolva não apenas aquela situação momentânea, mas a de muitas outras pessoas. Foi assim que aconteceu com os refugiados – revela.

No ano em que o Levvo Instituto foi criado, cerca de 70 milhões de pessoas foram obrigadas a buscar refúgio em outros países, segundo o Alto Comissariado das Nações Unidas para Refugiados. Laura ficou impactada com a informação. Não tinha ideia, naquela época, de que o Brasil era o quinto país que mais recebia refugiados no mundo. Dois anos depois, quando os venezuelanos começaram a entrar em massa no extremo norte do país, a realidade se tornou mais próxima e ela sentiu que precisava fazer alguma coisa. Em uma das viagens a São Paulo, conheceu o projeto do Refúgio 343, organização humanitária dedicada à reinserção socioeconômica de asilados e migrantes. O movimento nasceu com o objetivo de arrecadar 200 mil reais, dinheiro suficiente para atender 10 famílias venezuelanas por seis meses. Era a oportunidade que a Levvo tinha de colaborar com a causa.

— Naquele momento o dinheiro era essencial, mas não suficiente para ajudar aquelas pessoas a recomeçar a vida no Brasil. Por meio do Refúgio 343 em parceria com a AVSI Brasil tomei conhecimento da Operação Acolhida, voltada à colocação dos refugiados no mercado de trabalho, possibilitando a inclusão social e cultural das famílias venezuelanas – conta Laura.

A primeira turma, com 27 venezuelanos, chegou a Brasília em agosto de 2020. Desses, 11 foram selecionados para trabalhar no Grupo Levvo, entre eles Ismênia Elena Béria. Enfermeira de formação, ela deixou a família no Norte para abraçar a oportunidade na capital federal. Foi trabalhar na loja do McDonald's de Águas Claras. Em entrevista ao jornal *Correio Brasiliense*, declarou:

Na Venezuela eu não era rica, mas tinha um bom trabalho, tinha casa, tinha tudo. (...) Eu ainda não sei muito, mas eles me instruem. Aqui todos trabalham em equipe. Eles acreditam nas pessoas e te dão muita confiança para que você faça seu trabalho cada vez melhor.

O Grupo Levvo foi um dos primeiros a empregar refugiados na rede McDonald's, abrindo caminho para que outros franqueados adotassem a mesma postura. Laura garante que a iniciativa não traz benefícios apenas para quem consegue emprego, mas também contribui para o bom desempenho do negócio:

— A contratação deles traz diversidade ao grupo. Os meus colaboradores ajudam os refugiados e eles nos ajudam. Essa troca de experiência é rica, aumenta a produtividade e garante dignidade a essas pessoas. Eu sempre digo que diversidade não é só de gênero ou de limitação física e mental, é algo que vai além. Passa pela gestão das diferenças, interação de gerações, pela integração de quem chega com quem tem anos de casa, pelo respeito à cultura das diversas regiões do país e pela mistura de culturas. O aprendizado vem do confronto dessas realidades e isso é enriquecedor, faz crescer.

Laura revela que um dos seus maiores aprendizados foi gerado pelo confronto de realidades. Em 2019, ela integrava um grupo de discussão sobre a inserção de surdos nas empresas do Distrito Federal. A ideia era elaborar uma cartilha abrangendo desde a contratação até a rotina deles no ambiente profissional. Na época, a Levvo tinha quatro pessoas com deficiência em seu quadro de colaboradores, uma delas há mais de cinco anos no grupo.

— Sou muito espontânea e, às vezes, não me dou conta de que não se deve ir com muita sede ao pote. Fiquei tão radiante em saber que havia surdos entre os colaboradores, e que uma integrante da equipe dominava a linguagem de sinais, que resolvi dividir a notícia com o grupo de trabalho. Mas em vez de mandar uma mensagem por escrito, enviei um áudio: "Estou muito feliz porque tenho quatro pessoas com deficiência auditiva na empresa e porque um deles fala a língua de sinais". No meio do meu entusiasmo, recebi uma resposta: "Sou surdo, portanto, não escuto o áudio. Você pode mandar por escrito?". Quase morri de vergonha. Nesse momento caiu a ficha do que é trabalhar na prática com inclusão e diversidade. No mesmo instante, escrevi no grupo minhas sinceras desculpas. Entendi que somos diferentes e que mesmo assim podemos interagir, nos unir e trabalhar juntos – conta Laura.

Laura faz da filantropia uma filosofia de vida. Em 2011, com o programa McDia Feliz[1], da franquia McDonald's, ajudou na construção do Hospital da Criança de Brasília José Alencar, referência no diagnóstico e tratamento do câncer infantojuvenil. Uma década depois, Laura foi surpreendida com um convite do então governador do Distrito Federal, Ibaneis Rocha, para participar da cerimônia de entrega da Medalha Brasília 60 Anos. Por sua atuação, na implantação do Hospital da Criança de Brasília (HCB), Laura estava entre os 120 homens e mulheres agraciados com a honraria. A medalha consiste em uma placa dourada arredondada, na qual se sobressai uma peça central com 16 pontas e uma outra, menor, no mesmo formato, em tons de azul, referência à Catedral de Brasília. Uma verdadeira joia.

— O Centro de Convenções Ulysses Guimarães estava cheio. Eram empresários, políticos, artistas e jornalistas que receberiam a medalha e eu estava entre eles. Foi o reconhecimento do meu trabalho como

---

[1] Principal campanha beneficente do McDonald's para gerar recursos para as instituições apoiadas pelo Instituto Ronald McDonald, o qual atua para proporcionar mais saúde e qualidade de vida a crianças e adolescentes com câncer; e para o Instituto Ayrton Senna, contribuindo com ações na área da educação.

empreendedora vinda de fora, como tantos outros que ajudaram a erguer Brasília. Foi um momento muito especial – confessa Laura.

Poucas coisas emocionam tanto a CEO como as realizações no terceiro setor. Com brilho nos olhos, ela tem orgulho de dizer que o legado é grande, apesar do pouco tempo de existência:

— Nós realizamos um trabalho fantástico de transformação social e, por tudo isso, alcançamos o reconhecimento da ONU com duas premiações. É muito gratificante e mostra o quanto as empresas são capazes de fazer pela sociedade – diz Laura.

O Levvo Instituto em pouco tempo virou referência de como olhar o terceiro setor com eficiência, assegura Laura:

— Todo mundo acha que terceiro setor é sinônimo de distribuição de cesta básica, cobertor e sopa. Em alguns momentos é, porque é preciso. Mas, no geral, o terceiro setor tem um olhar diferenciado para promover geração de renda, para resolver as mais diferentes dores. Ao olhar para o outro você também aprende a ouvir. Penso que quando olhamos para o outro com empatia, aprendemos a nos tornar seres humanos melhores em todos os sentidos. Hoje, a maioria dos colaboradores da empresa tem esse olhar. A cultura organizacional do grupo é voltada para a filantropia, para fazer o bem, para olhar a dor do outro.

Construir uma empresa humanizada significa cultivar a todo momento o olhar para o outro, o saber ouvir, o transformar valores em ações. É isso que faz a diferença, é isso que o Grupo Levvo faz dia a dia.

CRIANDO FORÇA PARA VOAR ALTO

Cuide sempre do outro e de si mesmo. Cuide da comunidade onde você vive. Não seja bobo e não se deixe ser usado pelas pessoas. Seja sábio e inteligente. Tenha um olhar para as minorias, com projetos e programas com geração de renda que possam proporcionar dignidade e transformação social na prática, de forma verdadeira. Escute o que as pessoas precisam.

Projeto social Mais Cor Mais Amor do
grupo Mulheres do Brasil

Dedicação e trabalho a tornaram
conselheira do núcleo DF do grupo
Mulheres do Brasil liderado por
Luiza Helena Trajano.

2. *NON DUCOR DUCO* (NÃO SOU CONDUZIDA, CONDUZO)

erritório britânico com apenas 91 quilômetros quadrados e 33 praias de areias brancas e mar azul-turquesa, Anguilla é um dos destinos mais luxuosos do Caribe. A ilha paradisíaca, distante apenas 25 minutos de barco de Saint Barth, foi o local escolhido pelo LIDE – Grupo de Líderes Empresariais[1] para sediar o 1º Fórum de Mulheres Líderes, em julho de 2014. Por quatro dias, 30 das maiores empresárias do país debateram a importância da gestão feminina para o desenvolvimento econômico e social do Brasil. Laura era uma delas.

A empresária mal pôde acreditar quando recebeu o convite para integrar o grupo como uma das representantes da região Centro-Oeste. A iniciativa partiu de Sonia Hess de Souza, à época presidente do Grupo

---

[1] Organização de caráter privado que reúne empresários nos cinco continentes, em diversos países, com mais de 20 frentes de atuação. Fundado no Brasil em 2003, pelo Grupo Dória, tem por objetivo fortalecer a livre iniciativa do desenvolvimento econômico e social, assim como a defesa dos princípios éticos de governança nas esferas pública e privada.

Dudalina e à frente do LIDE Mulher. Pela primeira vez, Laura estaria lado a lado com algumas das empreendedoras que ela mais admirava e lhe serviam de exemplo. Não foram poucas as vezes em que fechou a agenda para acompanhar as palestras de Luiza Helena Trajano, presidente do Conselho de Administração do Magazine Luiza. Ou, ainda, anotou ponto a ponto os ensinamentos transmitidos por Chieko Aoki, fundadora e presidente da rede Blue Tree Hotels. Dessa vez, ela não estaria na plateia como espectadora, mas dividiria o espaço com elas como protagonista. O encontro foi noticiado pelo jornal Correio Braziliense:

> *Um grupo de 25 mulheres empresárias se reuniu entre 17 e 20 de julho no 1º Fórum de Mulheres Líderes, na ilha Caribenha de Anguilla. Entre as participantes estavam presidentes de empresas como Blue Tree Hotels, Dudalina, TAM, Johnson & Johnson, Grupo Empresa e Magazine Luiza. A única representante do Distrito Federal no encontro foi Laura Oliveira, presidente do Grupo LMO. Elas firmaram comprometimento para mudar o paradigma da liderança feminina.*

O sorriso de Laura ao chegar ao Hotel Viceroy Anguilla, hoje Hotel Four Seasons, um dos mais procurados *resorts* da ilha e onde o fórum seria realizado, poderia ser definido com uma única palavra: realização. Poucas vezes ela tinha vivido uma sensação tão prazerosa de sonho concretizado. Ela conheceu o LIDE em 2004, quando acompanhou o amigo e empresário Onófrio Laselva a um evento promovido pelo grupo na Ilha de Comandatuba (BA).

Foram quatro dias de muito conteúdo, nos quais foi apresentada à família Klein, das Casas Bahia, e ao publicitário Roberto Justus. Entre os palestrantes estavam o ex-presidente Fernando Henrique Cardoso e Viviane Senna, presidente do Instituto Ayrton Senna, que em 2018 faria uma parceria de sucesso com a Arcos Dorados no McDia Feliz no Brasil. Gostou tanto da proposta de atuação do LIDE que, ao retornar, decidiu encaminhar sua ficha de inscrição. Pouco tempo depois, recebeu a resposta: aprovada.

— Eu ainda amamentava o Enzo, que tinha apenas cinco meses, quando viajei para Anguila, mas mesmo assim decidi que iria fazer parte daquele seleto grupo. Todas as palestras foram muito interessantes e me chamaram atenção, mas a da Luiza Helena me tocou mais. Como de costume, anotei uma a uma as características femininas que contribuem para o desenvolvimento dos negócios apontadas por ela: intuição, sensibilidade, espiritualidade, emoção, interação e flexibilidade. Eu reunia boa parte delas, o que me deixou ainda mais confiante. Foi em Anguilla que me aproximei da Luiza Helena. Aprendi muito naquela viagem, foi sensacional – lembra Laura.

A admiração que Laura tem por Luiza Helena, principalmente pela maneira como defende suas causas, é recíproca. Apontada pela comunidade empresarial como uma das mais influentes lideranças femininas do país, Luiza Helena vê em Laura um pouco da própria ousadia na juventude.

— Primeiro eu enxerguei a mulher destemida, ansiosa por crescer, por fazer as coisas, sem muita censura interna. Depois, quando começamos a criar um vínculo, descobri a Laura empresária. Assim como eu, ela venceu profissionalmente, criou uma empresa, depois um grupo, sem abrir mão do propósito de estar com os outros, de ajudar. Isso me chama atenção, porque normalmente quando o empreendedor entra nesse caminho dá tanto trabalho, é tão difícil, que acaba esquecendo o seu propósito. A Laura se manteve firme – afirma Luiza Helena.

Apesar do desconforto, Laura afirma não se arrepender da decisão de tirar o leite com a ajuda de uma bombinha, pelo menos quatro vezes ao dia. O sacrifício garantiu a amamentação de Enzo por um longo período. O bebê mamou até os 9 meses. Os dias passados em Anguilla foram importantes não só para que Laura se integrasse ao grupo, mas também para ser percebida como uma voz ativa, disposta a defender bandeiras e a servir de exemplo a jovens empreendedoras. Esse foi um objetivo que ela se impôs quando ainda estava em Cuiabá e ministrava as primeiras palestras na Universidade Federal de Mato Grosso. Naquele tempo, pensar em dividir o palco com empresárias como Luiza Helena Trajano beirava o devaneio.

— Eu sempre fui muito ambiciosa, corajosa e, acima de tudo, extremamente ousada. O que para os outros parecia delírio, para mim era desafio a ser vencido. Eu nunca tive medo. Quando acreditava em uma coisa, eu fazia acontecer. Quando comecei a empreender, bem nova, eu projetava ser como essas mulheres, me tornar um exemplo de liderança empreendedora – revela Laura.

Foi com esse pensamento que, ao chegar a Brasília e assumir a primeira loja do McDonald's no final dos anos 1990, Laura acompanhou o cunhado e a irmã a uma reunião da Associação Brasileira de Franqueados McDonald's (ABFM)[2]. Um encontro majoritariamente masculino. Laura, a irmã e Mônica Cortopasi, franqueada da loja do Eixo Monumental em Brasília, eram as exceções.

— A primeira reunião de que eu participei foi em 1999. Cheguei acanhada, mais ouvi do que falei. O grupo era pequeno, eu não me sentia à vontade para emitir qualquer opinião, pois estava chegando e pouco entendia do sistema. Foi complicado, porque não consigo ficar quieta – admite Laura.

Comprometida com o negócio e disposta a aprender rápido para se fazer ouvir, Laura prestava atenção em tudo. Vez ou outra fazia uma intervenção. Não demorou, contudo, para ser notada, lembra Carlos Emílio Sartorio, presidente da ABMF:

— A Laura era muito jovem, estava sempre acompanhada do cunhado. Assim que se sentiu mais familiarizada e passou a tocar as próprias operações, tornou-se mais ativa, começou a se destacar.

Sartorio enfatiza que Laura não tinha medo de expor suas opiniões, defender suas ideias, o que muitas vezes acabava gerando burburinho:

— Ela nunca teve receio de colocar qualquer questão para ser discutida por ser mulher e minoria. Pelo contrário, não se intimidava, crescia. Uma de suas principais bandeiras foi – e ainda é – o aumento da participação feminina na associação. Somos 66 franqueados, apenas seis mulheres. Essa é uma característica que eu admiro nela.

---

[2] Fundada em 27 de outubro de 1995, a ABFM conta com 66 franqueados no Brasil. Juntos, operam 422 restaurantes e respondem por 40% das lojas e do quadro de funcionários do McDonald's no país.

O percentual de participação feminina, porém, começou a mudar nos últimos tempos, para alegria de Laura. Presente no mercado brasileiro há 44 anos – a primeira loja da rede foi aberta em 1979 –, o McDonald's vive um momento de transformação com a chegada da segunda geração de franqueados. Sartorio afirma que o processo será acelerado no futuro, uma vez que 35 franqueados já contam com os filhos trabalhando na operação. Nos Estados Unidos, 40% dos atuais franqueados pertencem à segunda geração e 10% compõem a terceira. No Brasil, havia um único caso de comando nas mãos da segunda geração até o início de 2023. Todavia, mais da metade das franquias já contava com membros da chamada NexGen na operação, sendo 50% mulheres. Quando questionado sobre o impacto de lideranças como a da fundadora do Grupo Levvo, ele é direto:

— As meninas da nova geração têm a Laura como exemplo".

Há 23 anos no McDonald's, Maiara Roberta Santana Bornelli é uma das representantes da geração que Laura inspirou. Formada em Administração, está à frente de oito restaurantes e 13 quiosques, todos no interior de São Paulo.

— Quando comecei a trabalhar no McDonald's, meu tio Eder Bornelli tinha duas lojas. Ele não tem filhos, sou a sobrinha mais próxima, e ele me preparou para ser sua sucessora. Logo que assumi os negócios, no início de 2011, e comecei a frequentar as reuniões da entidade, a Laura se aproximou – conta.

Maiara, assim como acontecera com Laura anos antes, chegou tímida, atenta a tudo e a todos, a fim de conhecer melhor o ambiente, ter noção de onde estava pisando. Laura percebeu a semelhança. Tratou de se aproximar, quebrar o gelo, deixá-la mais à vontade.

— Era tudo novo para mim. Eu sou um pouco tímida, ela percebeu e foi puxando conversa, contando histórias, me dando conselhos. No começo eu até me assustei diante de tantos cuidados, mas não erro em dizer que foi amor à primeira vista – diz Maiara.

Maiara foi se acostumando com o jeito divertido e protetor de Laura. As duas criaram um vínculo muito forte e, passada uma década de convívio, colecionam histórias. Uma delas aconteceu na última convenção realizada pela ABFM antes da pandemia, no Hotel Palácio

Tangará, em São Paulo. O encontro, que reuniu 55 franqueados, 54 membros da NexGen, além de fornecedores e principais lideranças na Arcos Dorados na América Latina, marcou os 35 anos do McDonald's no Brasil.

Maiara traduziu em palavras o sentimento de gratidão que tem por Laura, mais precisamente pelo carinho e conselhos que ela lhe deu, mesmo sabendo que era muito jovem e inexperiente.

— Eu achei que era o momento certo para agradecê-la e disse: em 2012, eu não tinha maturidade para entender o significado dos seus conselhos. Hoje, mais madura, inserida no sistema de franquia e na estrutura da empresa, enxergo que suas palavras foram vitais para a sobrevivência do negócio e para a minha própria sobrevivência como empresária e mulher. A Laura mudou minha maneira de pensar – revela Maiara.

Laura não esconde o orgulho de ver que é capaz de inspirar novas gerações. Foi em uma reunião anual da ABFM na Costa do Sauipe (BA), em 2001, que começou a sentir que sua fala tinha eco.

— Eu percebi que as pessoas gostavam de mim, respeitavam o meu posicionamento. Isso me fortaleceu, me deu energia para ser ainda mais ativa na associação. Fui conselheira por dois anos e coordenadora do Comitê de Treinamento do Centro-Oeste por outros 15. Nos últimos anos, tenho participado do Comitê de Treinamento Nacional. Mais recentemente, passei a frequentar as reuniões como conselheira convidada. Participo dos encontros, eles ouvem a minha opinião, mas não tenho poder de voto – conta Laura.

Fábio Prates reforça que das reuniões dos comitês da ABFM saem as principais reivindicações dos franqueados junto à rede. O empresário conta que Laura comprou muitas brigas ao longo dos anos. Em algumas saiu vitoriosa, em outras foi duramente criticada. Mas uma coisa é certa, afirma Fábio, ela mudou o jeito de pensar da Arcos com relação às reformas das lojas.

— Foi graças à participação ativa da Laura que os franqueados puderam contratar fornecedores locais, desde que aprovados pela Arcos. Até então, sempre que havia necessidade de reformar uma loja, eles determinavam o arquiteto ou uma empresa específica. A Laura não, buscava profissionais locais e fazia a obra com muita economia. As pessoas iam até Brasília conferir e diziam: "Nossa, mas está muito bom, perfeito".

Ela sempre se esforça para reduzir desperdícios, buscar a excelência operacional e, com isso, apresenta bons resultados. A Laura ajudou a mudar a cultura da empresa.

A mesma autenticidade que Laura revela ao apresentar suas propostas junto a entidades e autoridades ela coloca em prática no Grupo Levvo. Assim como faz questão de ser ouvida quando defende suas bandeiras, abre espaço para que seus colaboradores adotem a mesma conduta. Há quatro anos no Grupo Levvo, Nayara da Silva Fernandes passou por várias áreas até se fixar no departamento financeiro. No começo, como secretária da CEO, confessa que estranhou o ritmo de trabalho adotado pela chefe, mas depois aprendeu a lidar com ela:

— Ela é uma pessoa muito acelerada. Mal fala, você já tem de sair fazendo. Se a pessoa não anotar rapidinho o que ela pede, se perde. Depois de cinco minutos já está perguntando "você fez", "onde está?". Tudo com a dona Laura tem de ser muito conversado. Se ela percebe que você tem interesse, se esforça, ela dá todo o suporte para você crescer, ajuda com bolsa de estudo, reconhecimento financeiro. Ela cobra, mas também retribui. Como sua assistente direta, eu não consegui um bom desempenho. Mas, no lugar de me dispensar, ela foi humana, me deu uma nova chance, me transferiu para outro setor. Ela me deu oportunidade de provar que eu podia fazer algo diferente.

Uma gestão ao mesmo tempo firme e humanizada. Esse foi o modelo que Laura começou a forjar ainda na juventude, quando abriu a M2 Eventos. Com o passar dos anos, mais madura, aprendeu a dosar o ritmo, a equilibrar razão e emoção. Quando era recém-formada, mas já bem-sucedida nos negócios, Laura ministrava palestras sobre a maneira como conduzia a empresa. Ao desembarcar em Brasília não foi diferente. Primeiro falava para os colaboradores e futuros franqueados do McDonald's em Taguatinga. Depois passou a ser convidada pelas universidades do Distrito Federal para contar como foi capaz de transformar sonho em realidade, abrindo a primeira empresa muito jovem e se tornando uma das maiores franqueadas do McDonald's no Brasil antes de completar 40 anos. A cada convite, se sentia ainda mais orgulhosa de tudo o que construiu em tão pouco tempo.

— Eu era jovem, porém tinha um currículo muito bom, com passagens por Harvard, Fundação Dom Cabral, Fundação Getulio Vargas. Somava à formação acadêmica uma experiência de vida considerável – afirma.

Laura nunca dizia não para um convite. Estava sempre pronta a compartilhar sua trajetória, principalmente com jovens dispostos a empreender. Ainda hoje, com a agenda atribulada, continua pensando da mesma maneira.

— Aos poucos, fui ganhando bagagem, melhorando a oratória. Um divisor de águas foi a palestra "Empreender, como fazer?", que ministrei no *rooftop* do Hotel B de Brasília, em 2017. O espaço estava lotado e as pessoas adoraram, vieram me parabenizar. Depois desse dia, a procura aumentou. Cheguei a fazer palestras em São Paulo para 400 pessoas. Com as premiações do GPTW e a inauguração da usina, comecei a ter visibilidade nacional. A Levvo se tornou mais conhecida, as pessoas passaram a dar mais atenção à minha fala, às minhas bandeiras – diz.

À medida que as palestras despertavam o interesse do público, a rede de relacionamentos crescia. Foi depois de vê-la em um encontro de empresários de Brasília que Janete Vaz, fundadora do Grupo Sabin, uma das maiores empresas de medicina diagnóstica do Brasil, decidiu convidá-la para fazer parte do Conselho da Junior Achiviement. Ela, claro, aceitou e passou a ser mantenedora da instituição por acreditar na capacitação de jovens.

Laura se tornou referência em empreendedorismo feminino e fez do empoderamento das mulheres uma de suas principais lutas. Em entrevistas e palestras, não esconde o tamanho do desafio que as mulheres enfrentam para empreender.

— Trata-se de uma questão cultural. Para cruzar a linha de chegada com os mesmos resultados dos homens, elas têm de gastar o dobro, muitas vezes o triplo de energia. Fazendo um paralelo, numa corrida de 20 quilômetros, a mulher terá de correr 40 para provar que é capaz de fazer o básico; se quiser mexer com energia, com TI, terá de percorrer uma distância três vezes maior. Sabendo disso, sempre olhei para a frente, tracei meus objetivos com metas muito altas. E posso dizer com segurança que já cruzei a linha de chegada. Aliás, já ultrapassei, acumulei experiência. Por isso posso contar como é difícil essa trajetória, porque a vivi – declara.

Ciente de que pode contribuir de maneira positiva para que mulheres ganhem cada vez mais espaço no mundo dos negócios, Laura sempre que pode joga luz sobre o propósito de ajudar as pessoas a empreender, a tirar a ideia do papel, a perseguir seus sonhos. De uma maneira simples e direta, reforça que para abrir qualquer tipo de negócio, de um carrinho de cachorro-quente a uma usina de energia, é preciso ter disciplina, resiliência, estudo e se capacitar muito. Na sua visão, as pessoas, principalmente as mulheres, precisam substituir o "ah!, mas vai ser difícil" por "sei que não vai ser fácil, mas estou disposta a tentar". Quem quer empreender, diz Laura, precisa acreditar, ter uma boa ideia, estudar. Para quem se prepara, a probabilidade de dar errado é menor.

Luiza Helena afirma que um dos grandes diferenciais da Laura é a sua capacidade de esquadrinhar e entender uma situação:

— Não estou falando de capacidade "fuçativa", de bisbilhotar a vida dos outros, mas sim da capacidade de ir atrás, conhecer, mergulhar de cabeça em tudo o que faz. A Laura é muito de ação, como eu também sou. É característica de empreendedor. Ela erra, acerta, faz acontecer. Uma prova de que está no caminho certo são as premiações que tem recebido do GPTW, que coloca o seu grupo como uma das melhores empresas para se trabalhar. A Laura está a cada dia se firmando mais, construindo um modelo de liderança de dentro para fora. Ela já é conhecida, mas pode ser ainda muito mais. Tudo tem seu tempo.

Por despertar essa percepção entre as lideranças empreendedoras Laura foi convidada a participar do Grupo Mulheres do Brasil, criado em 2013 a partir da união de 40 mulheres dispostas a engajar a sociedade na conquista de um país melhor. Entre elas, Luiza Helena.

— Em uma década, conseguimos reunir mais de 77 mil mulheres no Brasil e no exterior, que trabalham em prol de causas envolvendo *compliance*[3], empreendedorismo, educação, cultura, antiviolência, igualdade racial, esporte, entre outras. Somos um grupo suprapartidário, mas político, bastante heterogêneo, com participação de mulheres de diferentes classes sociais, cores e credos – diz Luiza Helena.

Laura aceitou o convite de imediato. O pensamento do grupo estava alinhado com seus propósitos. Desde 2014 integra o Grupo Mulheres do

Brasil de maneira ativa. Em 2017, ao sair de uma palestra ministrada por João Dória, foi abordada pela Janete Vaz.

— Ela foi direta: "A Luiza Helena me disse que precisamos movimentar Brasília, colocar um núcleo no Distrito Federal para funcionar. Posso contar com você?". Eu respondi que sim, estava à disposição. Depois de algumas conversas, a Janete, a Sandra Costa, que é sócia dela no Grupo Sabin, eu e mais algumas empresárias criamos o núcleo do Mulheres do Brasil do Distrito Federal – conta Laura.

Um dos primeiros projetos que ajudou a colocar em pé foi o "Estamos em Obra Trabalhando a Família", ação realizada pelo Comitê Social do Grupo Mulheres do Brasil, em Brasília, em parceria com a Secretaria de Obras e Infraestrutura. Laura era a coordenadora. A *Agência Brasília* noticiou a iniciativa sob o título "Família, amor e um dia mais suave no canteiro de obras". Laura conta que a ideia causou muita repercussão por ser inovadora:

— Um dos locais que visitamos foi a obra de revitalização do viaduto da Galeria dos Estados, no Eixo Rodoviário. O canteiro contava com 170 trabalhadores. De maneira simples, reforçamos a importância de eles tratarem melhor as mulheres, acolherem os filhos com carinho, fortalecendo os laços familiares. O nosso objetivo era que os trabalhadores se tornassem multiplicadores desse comportamento, que valorizassem a família e a geração de bem-estar.

Primeiro Laura ajudou a montar o Comitê Social, depois o Comitê de Empreendedorismo. O grupo do DF estruturou um programa de governança, traçou um planejamento estratégico e colocou as ações para rodar. Parte desse trabalho serviu de inspiração para a entidade nacional. Laura também colaborou na criação do núcleo do Mulheres do Brasil em Portugal. Tornou-se conselheira no núcleo do Distrito Federal e é porta-voz de muitas das ações do movimento.

Foi no período em que estava à frente do Comitê Social que levou para o Mulheres do Brasil a empresária Tatiane Regina Petrillo Pires de

---

[2] Do verbo em inglês to comply, na tradução para o português "obedecer uma ordem, um procedimento", o compliance é o guia de comportamento de uma empresa perante o mercado. Na prática, significa estar de acordo com as leis, padrões éticos e regulamentos internos e externos.

Araújo, filha de um amigo que fez assim que chegou a Brasília, José Humberto Pires, à época administrador de Taguatinga. Amigas e com muita energia, as duas abraçaram as causas sociais.

— Logo na primeira reunião de que participei foi elencada uma série de demandas, desde recuperação de praças até cessão de espaço para promover palestras e conseguir equipamentos. Deu uma semana, a gente já tinha arrumado tudo. O que nos conecta é sermos resolutivas. Nem todo mundo está disponível para colocar a mão na massa. A gente põe. Uma olha para a outra e já sabe o que é para fazer. Isso funciona muito, facilita a vida – afirma Tatiane.

Sonia Hess sabe muito bem o que é poder contar com Laura para pôr em prática uma empreitada. No meio da pandemia, ao realizar uma mentoria no Rio de Janeiro, ouviu histórias de mulheres que estavam sem dinheiro para investir minimamente em suas produções e conseguir manter a renda familiar. Sonia não ficou indiferente ao que escutou. Foi atrás de microcrédito, dando início ao Fundo Dona de Mim, iniciativa do Grupo Mulheres do Brasil. O projeto piloto começou com uma doação feita por 63 mulheres a 335 microempresárias e 150 moradoras de comunidades. Laura estava entre as doadoras.

A iniciativa teve o reconhecimento da Assembleia Legislativa do Estado de Mato Grosso em 26 de outubro de 2021, quando a deputada Janaina Riva pediu o registro nos anais da casa de uma "Moção de Aplauso":

A Assembleia Legislativa do Estado de
Mato Grosso, por seus membros, mediante
requerimento da Deputada Janaina Riva,
vem manifestar seus mais efusivos
APLAUSOS à empresária Laura Oliveira,
pelos relevantes serviços prestados à sociedade
mato-grossense, em especial nas causas s
ociais, feministas e econômicas.

Paulo Octávio, que já foi senador da República e vice-governador do Distrito Federal, comenta com humor que Laura está sempre questionando, é a primeira a levantar a mão para fazer perguntas a autoridades:

— Ela é muito inquieta, é ágil na maneira de atuar empresarialmente, enquanto os governos são lentos. Ela sempre questiona os políticos locais, de deputado a governador, em relação ao bem-estar das pessoas, qualidade do transporte público, melhoria na educação, principalmente na área periférica, onde boa parte dos seus colaboradores reside. Essa é a maneira dela de atiçar as autoridades. É sincera a dor que ela sente por um funcionário não ter ônibus para chegar na hora no trabalho, não ter escola no bairro. Esse envolvimento dela na vivência da cidade chama atenção.

Paulo Octávio afirma que conhecer bem a cidade é um predicado de Laura que muitos empresários não têm. Por conhecer as dificuldades da periferia, tem condição de questionar os governantes.

Foi em uma viagem a Lisboa com o Grupo Mulheres do Brasil que Laura se deu conta de que muitas das ações e programas adotados na Levvo poderiam ser certificados pela ONU. Não foi uma, nem duas vezes que ouviu de colegas empresárias a mesma pergunta: "Por que você não tem o selo da ONU?". "Conheço companhias que fazem menos do que você e exibem o selo". Laura passou a refletir sobre o assunto. Se tinha adotado boas práticas sem qualquer tipo de orientação, que tal adaptar os processos às exigências e buscar a certificação?, disse a si mesma.

— Tem pessoas que escutam mas não levam adiante. Entra por um ouvido e sai pelo outro. Eu, ao contrário, presto atenção em tudo. Quando percebo que tem alguma sintonia com o que acredito e com ações que sei que são sérias, procuro me aprofundar. Não mando ninguém se informar, vou eu mesma. Pesquiso na internet, converso com especialistas, busco entender melhor o assunto – diz Laura.

Em 2018, o grupo Levvo se tornou signatário da plataforma dos Princípios de Empoderamento das Mulheres e do movimento Eles por Elas, ambos da ONU. A iniciativa visa guiar as empresas na afirmação das mulheres dentro da própria companhia, na cadeia de valores e nas comunidades em que atuam. Ao aderir à plataforma, a Levvo assumiu publicamente esse compromisso e passou a fazer parte de uma rede global da Organização das Nações Unidas que compartilha e discute informações, além de promover fóruns e diálogos entre as empresas.

— A semente surgiu na interação com as integrantes do Mulheres do Brasil. Além disso, tem o McDonald's, que é uma empresa que nos desafia constantemente a introduzir boas práticas. A cada viagem, a cada missão, o *network* aumenta. Da China e do Vale do Silício, por exemplo, eu trouxe *insigts* importantes para a criação de uma *startup*. A troca de ideias e experiências traz muitos benefícios, faz a gente refletir, se abrir ao novo – ressalta Laura.

Quando começou a participar das reuniões da Associação Brasileira dos Franqueados do McDonald's, Laura não imaginava que um dia chegaria à Confederação Nacional da Indústria (CNI) como liderança feminina empreendedora. Como a vida é recheada de surpresas, em 25 de maio de 2022 lá estava ela na sede da CNI, em Brasília, para tomar posse no Fórum Nacional da Mulher Empresária, composto por 30 executivas de destaque no país. De Brasília também foram empossadas Janete Vaz e Sandra Costa, do Grupo Sabin, Beatriz Guimarães, presidente da Câmara de Mulheres Empreendedoras da Fecomércio - DF e vice-presidente do LIDE Mulher.

— As discussões são feitas em grupos temáticos e eu posso atuar em várias frentes, porque trabalho com energia, varejo e tecnologia. Trata-se de uma grande responsabilidade promover a expansão de oportunidades para empresas lideradas por mulheres. O Fórum também subsidia a atuação brasileira na Aliança Empresarial de Mulheres do BRICS, mecanismo criado pelos chefes de Estado de Brasil, Rússia, Índia, China e África do Sul – explica.

Laura faz da participação nos grupos de entidades do setor e da própria sociedade um grande laboratório. Ali faz *benchmark*, troca experiência, compartilha boas práticas e aprende muito. A cada nova proposta, seja na área de compliance, gestão de pessoas ou sustentabilidade, embasa as ações em pareceres jurídicos. Faz questão de trabalhar com bancas especializadas, algo raro entre empresas de médio porte.

A fim de ter mais conhecimento sobre os princípios de governança, em 2021 matriculou-se em um curso de formação de conselheiros empresariais, na Fundação Getulio Vargas. Quando concluiu, confidenciou a uma amiga que gostaria de fazer parte do conselho de um banco. A amiga se surpreendeu: "Por que um banco?". A resposta foi imediata: "Por conta da minha experiência. Lido no dia a dia com 16 instituições financeiras diferentes, sei exatamente como é difícil para o empresário de médio porte essa rotina. Por isso acho que tenho muito a contribuir".

A amiga de longa data Daniela Echeverria garante que boa parte dos bons resultados alcançados pelo Grupo Levvo tem origem na ousadia de Laura, na disposição em não enxergar o tamanho do obstáculo a ser transposto e no perfil de liderança moldado desde a juventude.

— Ela sempre foi de comandar. Não nasceu para ser comandada. Uma prova disso é o quanto cresceu como empresária depois que assumiu as rédeas do próprio negócio. A Laura não aceita comando ruim. Ela até admite ser liderada, desde que seja por um bom líder. Se não for um bom comandante, ela se afasta e assume a linha de frente.

Fábio Prates concorda e reforça que para conviver bem com a Laura é preciso entender que ela é dominante. Se os dois lados tiverem esse perfil, não dará certo.

— Toda vez que alguém me pergunta como é conviver com ela, digo que é preciso ter uma força igual e interesses em comum, além de aceitar que ela será sempre a comandante. A expressão no brasão de São Paulo *non ducor, duco*, na tradução para o português "não sou conduzido, conduzo", é o lema da Laura – afirma.

Ao olhar para a própria trajetória, Laura sente que se transformou em uma voz importante das demandas da sociedade, principalmente junto aos tomadores de decisão. Sua principal certeza – e ao mesmo tempo maior desafio – é ser uma referência em empreendedorismo feminino.

— É isso que me leva a fazer parte de associações de diversos setores. Sou uma forasteira que chegou a Brasília, ergueu um grupo empresarial, assumiu várias operações do McDonald's e construiu uma usina de produção de energia. Uma empresária que ajuda a construir hospital, a recuperar praças, que faz a diferença no trabalho de transformação social na prática e incentiva muitas pessoas a fazerem o mesmo. Posso dizer que sigo feliz em ser inspiração – afirma.

CRIANDO FORÇA PARA VOAR ALTO

O mais relevante da vida é cada um entender o que realmente importa para si mesmo. Porque isso faz toda a diferença! Porque cada um tem uma realidade!!!

GALERIA DE FOTOS

1. Descontração e comemorações desfrutando o melhor presente de Deus, a família.
2. Com Maria e Myriam aproveitando bons momentos em casa.
3. Valentina com a avó Myriam: aprendizado e estudos.

4. Com Valentina e Enzo na missa de ação de graças dos 100 anos de dona Maria Benedita, no santuário Nossa Senhora Auxiliadora.
5. A recepção da festa dos 102 anos de dona Maria Benedita.
6. Com os filhos na celebração religiosa pelos 101 anos de dona Maria Benedita. Sempre que pode, Laura dá um tempo em Cuiabá para curtir a lucidez da avó. Devemos respeitar as pessoas mais velhas devido à sua grande bagagem.

4

6

1

1. Na livraria Cultura, em junho de 2022, no lançamento da biografia de Luiza Helena Trajano. Uma mulher diferenciada que Laura admira, segue os conselhos e se inspira para fazer a diferença por onda a gente passa.

2. Com Luiza Helena.

3. Com Patrícia Audi e Ana Fontes.

2

3

GALERIA DE FOTOS 221

Edy Amaro/Esp. CB/D.A Press

Divulgação

2

Lideranças femininas nas melhores empresas para se trabalhar do Centro Oeste

Brasal, Levvo e Ancar Ivanhoe (à frente dos shoppings Conjunto Nacional e Boulevard) foram as três primeiras colocadas no ranking de empresas de porte médio, do Centro Oeste, consideradas as melhores para se trabalhar. Foram reconhecidas pela premiação Great Place to Work 2022. Na categoria grandes empresas aparecem a Wiz Soluções, o Grupo Sabin de

Medicina Diagnóstica e a Energisa. Laura de Oliveira, CEO da Levvo e L Abdalla, presidente do Grupo Sabin receberam a premiação, em Goiân semana passada. "Estamos orgulh pelo reconhecimento, fruto do no cuidado com a valorização das pe com adoção de uma ambiente de trabalho humanizado", ressalta L

Diversidade e Sustentabilidade

A CEO da Levvo, empresa que tem especialmente convidada pelo hea em SP, direcionada a 1,5 mil gerent empreendimento que preza a diver muito feliz em dar mais essa consti

1

3

4

222   PARTE IV

1. Expoente da liderança empresarial no Centro Oeste, Laura é presença inspiradora em eventos para mulheres empreendedoras.

2. Idealizado por Laura, o programa Estamos em Obras é realizado pelo grupo Mulheres do Brasil e impactou mais de mil pessoas.

3. Com a carreira consolidada é um bom networking para todos.

4. Laura participa de diversos painéis com grandes líderes.

5. Com Valentina, Sandra Costa e Janete Vaz, cofundadoras do Grupo Sabin Medicina Diagnóstica, nos 20 anos do Grupo Levvo. Mulheres com quem tem o prazer de conviver e realizar o bem em projetos sociais.

6. Em Portugal, em 2022, com Luiza Helena, em seminário do LIDE.

7. Com a empresária Janete Vaz no prêmio ODS Brasil, em que foram homenageadas.

1. Evento do LIDE com José Humberto falando sobre o governo do Distrito Federal.

2. Laura faz parte do LIDE há 19 anos, sempre ao lado de pessoas ilustres da capital: Dionyzio Klavdianos, presidente do Sinduscon; José Humberto Pires, secretário de Estado de Governo do DF; Ronnie Bragança, diretor comercial da TV Record.

3. Laura recebe a comenda dos 60 anos de Brasília. Cento e vinte personalidades do DF que contribuíram para o desenvolvimento socioeconômico e cultural foram homenageados em de abril de 2022.

4. Lembranças presenteadas por colaboradores e guardadas com carinho.

5. O projeto Amigos do Bem no sertão pernambucano em março de 2023. Uma iniciativa encantadora que todos deveriam conhecer.

6. Família engajada e todos com um mesmo foco. O negócio familiar cresce e transforma.

4

5

6

1

2

1. Laura se preocupa com o meio ambiente e por isso está antenada com as novas tecnologias e inovação. Fundou a Levvo Energia para tornar as lojas do grupo exemplos de sustentabilidade.
2. Sempre aproveitando os momentos com a família. Laura leva os filhos para o Mc Dia Feliz para estarem inseridos no negócio da família.
3. Momento mamãe e filhinha Shopping JK, em São Paulo.

3

4. Sempre comemorando com os amigos.
5. Convivência com os primos e a família de Cuiabá.
6. Bons momentos com família e amigos.

4

5

6

2

1

3

1. 50 anos de vida comemorados em Paris.

2. Com Enzo e Valentina num passeio pelo rio Sena, em Paris.

3. No Museu do Louvre, brindando a nova idade com balões dourados.

1

1. Companhias preferidas para as grandes viagens.

2. Parabéns, Enzo! Parabéns, Valentina!

3. Na festa dos 50 anos, com a família: só agradecer.

4. Quando família e amigos se misturam é sempre uma festa. Meus amigos e compadres de coração e amor.

Momentos que merecem ser
eternizados: cercada pelo carinho e
admiração das grandes amigas.

APÊNDICE

PREMIAÇÕES

GREAT PLACE TO WORK
2019 – 1º lugar do Centro-Oeste
2019 – 1º lugar do Varejo
2019 – 1º lugar do Brasil – Destaque em desenvolver pessoas
2019 – 9º lugar GPTW Mulher

2020 – 1º lugar GPTW Mulher
2020 – 1º lugar do Varejo
2020 – 2º lugar do Centro-Oeste
2020 – 3º lugar da América Latina (pequenas e médias empresas)
2020 – 5º lugar do Brasil (médias empresas)
2020 – Destaque Gestão Saudável

2021 – 1º lugar do Varejo
2021 – 2º lugar do Centro-Oeste
2021 – 6º lugar GPTW Mulher
2021 – 20º lugar do Brasil (empresas nacionais de 100 a 999 funcionários)

2022 – 2º lugar do Centro-Oeste
2022 – 3º lugar do Varejo
2022 – 11º lugar GPTW LGBTQIA+
O GPTW é uma consultoria global que apoia organizações na obtenção de melhores resultados por meio de uma cultura de confiança, alto desempenho e inovação.

WEPs BRASIL – EMPRESAS EMPODERANDO MULHERES
2019 – Categoria Bronze
2021 – Categoria Prata
O prêmio tem como propósito incentivar e reconhecer os esforços das empresas que promovem a cultura da equidade de gênero e o empoderamento da mulher no Brasil.

CERTIFICAÇÃO INSTITUTO SELO SOCIAL
2019 – LEVVO Instituto
2020 – Grupo LEVVO
2020 – LEVVO Instituto
2021 – Grupo LEVVO
2021 – LEVVO Instituto
2022 – Grupo LEVVO
2022 – LEVVO Instituto
A certificação pelo Instituto Selo Social representa um importante diferencial empresarial na criação de vínculo entre marca, produto ou serviço e os projetos sociais.

CERTIFICAÇÃO LATIN AMERICA QUALITY INSTITUTE

2021 – President's Choice Awards – Grupo LEVVO
2021 – Marketing & Branding – Manager and Leader – Laura Oliveira

PRÊMIO RAY KROC

2008 – Loja Taguatinga
2011 – Loja Alameda
O prêmio Ray Kroc reconhece a excelente performance operacional, desenvolvimento de pessoas e gestão do negócio. É o prêmio máximo do sistema McDonald's.

PRÊMIO O ABRAÇO

2018 – XXIV Convenção Nacional dos Franqueados McDonald's
O prêmio O Abraço é concedido pela Associação Brasileira dos Franqueados McDonald's para homenagear as relações duradouras.

FORMAÇÕES

Língua Inglesa – CCAA
Cuiabá/MT – março de 1990

Auxiliar Técnico em Eletrotécnica – Escola Técnica Federal de Mato Grosso
Cuiabá/MT – dezembro de 1990

Bacharel em Administração – Universidade Federal de Mato Grosso
Cuiabá/MT – janeiro de 1996

MBA Estratégia Empresarial – Fundação Getulio Vargas
Brasília/DF – maio de 2004

English Language Course – Aspect Language Academies
Toronto/Canadá – agosto de 2005

Little English – Training Centre English
Petrópolis/RJ – janeiro de 2007

MBA em Administração Financeira e Mercado de Capitais – Fundação Getulio Vargas
Brasília/DF – dezembro de 2008

Liderança e Negociações – Universidade Harvard
Cambridge/EUA – 2013

Gestão do Varejo – Fundação Dom Cabral
Brasília/DF – 2019

Formação para Conselheiros – Fundação Getulio Vargas
Brasília/DF – 2020

CURSOS E CERTIFICAÇÕES

Planejamento e Gerência de Empresas – Sebrae
Cuiabá/MT – março de 1993

Planejamento e Organização do Cerimonial Público
Recife/PE – maio de 1993

Treinamento Gerencial – Sebrae
Cuiabá/MT – setembro de 1993

I Encontro Nacional do Cerimonial Público – Governo do Maranhão
São Luís/MA – outubro de 1993

Seminário de Marketing Político
São Paulo/SP – abril de 1994

3ª Conferência Interparlamentar e Empresarial do Cone Sul
Cuiabá/MT – julho de 1995

II Feira de Informática e Telecomunicações de Mato Grosso
Cuiabá/MT – julho de 1995

Jogos e Simulações em Treinamento – Sebrae
Janeiro de 1996

Motivação e Desenvolvimento do Potencial Humano – Sebrae
Fevereiro de 1996

III Congresso Brasileiro de Estratégias Eleitorais – Escola de Sociologia e Política
São Paulo/SP – maio de 1996

I Seminário Panamericano sobre Campanhas Eleitorais – Escola de Sociologia e Política
São Paulo/SP – maio de 1996

Semana do Advogado – OAB/MT
Cuiabá/MT – agosto de 1996

Estratégias Vencedoras – PEGN Desenvolvimento Empresarial
Brasília/DF – agosto de 2002

Programa Qualidade no Atendimento Personalizado
Cuiabá/MT – setembro de 2002

Fórum de Mulheres Líderes – LIDE/LIDE Mulher
Anguilla/Caribe – julho de 2014

ORGANIZAÇÃO E SECRETARIADO
IV Jornada de Ciências Neurológicas – Federação das Indústrias do Estado de Mato Grosso – M2 Marketing e Assessoria em Eventos
Cuiabá/MT – agosto de 1997

I Encontro Estadual de Arquitetura – Instituto de Arquitetos do Brasil (IAB-MT)
M2 Marketing e Assessoria em Eventos
Cuiabá/MT – outubro de 1997

PARTICIPAÇÃO CIDADÃ

Conselheira do Grupo Mulheres do Brasil núcleo Distrito Federal

Presidente do Conselho Consultivo da Junior Achievement-DF

Conselheira do Conselho de Desenvolvimento Econômico, Sustentável e Estratégico do DF (Codese-DF)

HOMENAGENS/HONRARIAS
Amigo da Brigada – 13ª Brigada de Infantaria Motorizada
Cuiabá/MT – maio de 1994

Embaixadora do Instituto Ronald McDonald's

BIBLIOGRAFIA

Todos os esforços foram feitos para reconhecer os autores das obras e imagens referenciadas neste livro. Agradecemos qualquer informação relativa à autoria, titularidade e/ou outros dados porventura omitidos e nos comprometemos a incluí-los em edições futuras. http://www.leffa.pro.br/textos/abnt/abnt.htm

PARTE I

Capítulo 1
SIGAUD, C.; MACEDO, M.; NUNES, J. A importância do Sarã (*Sapium obovatum Klotzsch ex Mull. Arg.*) no rio Piraim, Pantanal de Barão de Melgaço – MT. *Revista Uniciências*, v. 11, n. 1 (2007). Disponível em: https://seer.pgsskroton.com/index.php/uniciencias/article/view/1026. Consultado em: 6 out. 2022.

NETO, E. Primeiro prédio residencial construído em Cuiabá há 50 anos ainda abriga 1ª moradora. *G1 Mato Grosso*, 2019. Disponível em: https://g1.globo.com/mt/mato-grosso/noticia/2019/07/12/primeiro-predio-residencial-construido-em-cuiaba-ha-50-anos-ainda-abriga-1a-moradora.ghtml. Consultado em: 11 out. 2022.

OAB MATO GROSSO. Morreu o doutor Paraná. *Site OAB*, 2004. Disponível em: https://www.oabmt.org.br/noticia/9613/morreu-o-doutor-parana. Acesso em: 11 out. 2022.

COLÉGIO CORAÇÃO DE JESUS. Nossa história. Disponível em: https://ccjmt.com.br/nossa-historia/. Acesso em: 11 out. 2022.

DE PAULA, M. H.; JERONIMO, G. G. O vocabulário do garimpo artesanal de diamantes: das funções da escala ao bater da peneira. *Revista Moara*, ed. 40, jul.-dez. 2013. Disponível em: https://periodiocos.ufa.com.br. Acesso em: 28 out. 2022.

MEMORIAL DA DEMOCRACIA. Dante, em poucos meses um nome nacional. Disponível em: http://memorialdademocracia.com.br/card/diretas-ja. Consultado em: 10 out. 2022.

KRAMER, P. Dante de Oliveira – ensaio biográfico e seleção de discursos. Brasília, Câmara dos Deputados, Edições Câmara, 2012. Disponível em: https://www.pnbonline.com.br/politica/dante-fez-hista-ria-na-luta-pela-redemocratizaa-a-o-do-brasil/83091. Consultado em: 11 out. 2022.

DOURADO, R. Há 27 anos Cuiabá sediava comício Diretas Já com lideranças nacionais. *RD News*. Disponível em: https://www.rdnews.com.br/blog-do-romilson/

resgate-historico/ha-27-anos-cuiaba-sediava-comicio-diretas-ja-com-liderancas-nacionais/26064. Consultado em: 13 out. 2022.

LEXICAR BRASIL. Fapinha. Disponível em: http://www.lexicarbrasil.com.br/fapinha/. Consultado em: 20 set. 2022.

PARTE II

Capítulo 1
VERBETE. Dante Martins de Oliveira. *FGV CPDOC*. Disponível em: http://www.fgv.br/cpdoc/acervo/dicionarios/verbete-biografico/dante-martins-de-oliveira. Acesso em: 1 out. 2022.

Capítulo 2
OLIVEIRA, R. Fusca Itamar: o modelo melhorado dos anos 90. *Notícias Automotivas*. Disponível em: https://www.noticiasautomotivas.com.br/fusca-itamar/. Acesso em: 11 out. 2022.

REPORTAGEM LOCAL. Kaiser lança cerveja própria no verão. *Folha de S. Paulo*, 22 dez.1995. Disponível em: https://www1.folha.uol.com.br/fsp/1995/12/22/dinheiro/23.html. Acesso em: 11 out. 2022.

Capítulo 3
REDAÇÃO. Chapada dos Guimarães. *Viagem e Turismo*. Disponível em: https://viagemeturismo.abril.com.br/cidades/chapada-dos-guimaraes/. Acesso em: 31 out. 2022.

PARTE III

Capítulo 1
MORAES, M. A. McDonald's confirma franquia para 1998. *Diário de Cuiabá*. Disponível em: http://www.diariodecuiaba.com.br/arquivo/261097/economia2.htm. Acesso em: 12 nov. 2022.

SALLIT, M. Universidade do Hambúrguer: conheça o centro de capacitação do McDonald's. *Quero Bolsa*, 17 out. 2019. Disponível em: https://querobolsa.com.br/revista/universidade-do-hamburguer-do-mcdonald-s. Acesso em: 17 out. 2022.

Capítulo 2
MARQUES, M. As lições que o livro Arte da Guerra traz para as empresas. *Marcus Marques*. Disponível em: https://www.marcusmarques.com.br/as-licoes-que-o-livro-arte-da-guerra-tras-para-as-empresas/#:~:text=Um%20dos%20grandes%20

ensinamentos%20do,atacar%20a%20estrat%C3%A9gia%20do%20oponente. Acesso em: 2 dez. 2022.

MEIRELES, M. 5 princípios de liderança de "A Arte da Guerra". *LinkedIn*. Disponível em: https://www.linkedin.com/pulse/5-princ%C3%ADpios-de-lideran%C3%A7a-arte-da-guerra-marco-meireles/?originalSubdomain=pt. Acesso em: 2 dez. 2022.

REDAÇÃO. Warren Buffett: conheça a trajetória e as lições do maior investidor de todos os tempos. *Infomoney*. Disponível em: https://www.infomoney.com.br/perfil/warren-buffett/. Acesso em: 3 dez. 2022.

Capítulo 3
BASSANEZE, S. Grupo PaulOOctavio continua fazendo história nos negócios e no desenvolvimento de Brasília. *Revistas Shopping Centers*, 17 ago. 2022. Disponível em: https://revistashoppingcenters.com.br/empreendedor/grupo-paulooctavio/. Acesso em: 23 dez. 2022.

Capítulo 5
BARBOSA, L. Inaugurada usina de energia fotovoltaica no DF. *Agência Brasília*, 12 jul. 2019. Disponível em: https://www.agenciabrasilia.df.gov.br/2019/06/29/inaugurada-usina-de-energia-fotovoltaica-no-df/. Acesso em: 3 jan. 2023.

ZAMBON, E. Mercado em expansão: em 15 meses, DF ganha 5 usinas de energia solar. *Metrópoles*. Disponível em: https://www.metropoles.com/distrito-federal/economia-df/mercado-em-expansao-em-15-meses-df-ganha-5-usinas-de-energia-solar. Acesso em: 3 jan. 2023.

REDAÇÃO. FCO Empresarial. *Banco do Brasil*. Disponível em: https://www.bb.com.br/pbb/pagina-inicial/empresas/produtos-e-servicos/credito/financiar-um-investimento/fco-empresarial#/. Acesso em: 6 jan. 2023.

RODRIGUES, R. EDP e McDonald's firmam parceria em geração solar. *Valor Econômico*, 5 jul. 2022. Disponível em: https://valor.globo.com/empresas/noticia/2022/07/05/edp-e-mcdonald-s-firmam-parceria-em-geracao-solar.ghtml. Acesso em: 7 jan. 2023.

REDAÇÃO. Energia limpa é o novo investimento da PaulOOctavio. *Jornal de Brasília*, 3 dez. 2019. Disponível em: https://jornaldebrasilia.com.br/brasilia/energia-limpa-e-o-novo-investimento-da-paulooctavio/. Acesso em: 7 jan. 2023.

SALLUM, S. Startup brasiliense lança delivery sustentável. *Correio Braziliense*, 18 jan.

2022. Disponível em: https://blogs.correiobraziliense.com.br/capital-sa/2022/01/18/startup-brasiliense-lanca-delivery-sustentavel/. Acesso em: 9 jan. 2023.

GRUPO LIDE. *Lide 15 Anos*, ano 15, n. 92, 2020. Disponível em: https://ecrie.com.br/sistema/conteudos/arquivo/a_66_0_1_19082020173852.pdf. Acesso em: 9 jan. 2023.

REDAÇÃO. Sustentabilidade ambiental na geração de energia fotovoltaica. *Solarvolt*. Disponível em: https://www.solarvoltenergia.com.br/blog/sustentabilidade-ambiental/#:~:text=O%20c%C3%A1lculo%20do%20n%C3%BAmero%20de,maio%20de%202015%2C%20e%20a. Acesso em: 11 jan. 2023.

PARTE IV

Capítulo 1

REDAÇÃO. Prêmio WEPs Brasil 2021 reconhece 100 empresas por seus avanços em ações pela igualdade de gênero. *ONU Mulheres Brasil*, 30 jun. 2021. Disponível em: https://www.onumulheres.org.br/noticias/premio-weps-brasil-2021-reconhece-100-empresas-por-seus-avancos-em-acoes-pela-igualdade-de-genero/. Acesso em: 24 fev. 2023.

BERNARDES, A. Incêndio destrói cozinha da Creche Alecrim, na Estrutural. *Correio Braziliense*, 7 fev. 2018. Disponível em: https://www.correiobraziliense.com.br/app/noticia/cidades/2018/02/07/interna_cidadesdf,658378/incendio-destroi-cozinha-da-creche-alecrim-na-estrutural.shtml. Acesso em: 27 fev. 2023.

PUKET. Meias do Bem. *Puket*. Disponível em: https://www.meiasdobem.com.br/. Acesso em: 1 mar. 2023.

MARRA, P. Entrega de medalha dos 60 Anos de Brasília homenageia personalidades do DF. *Correio Braziliense*, 18 abr. 2022. Disponível em: https://www.correiobraziliense.com.br/cidades-df/2022/04/5001290-medalha-dos-60-anos-de-brasilia-homenageia-personalidades-do-df.html. Acesso em: 1 mar. 2023.

REDAÇÃO. Programa Inclusão de Refugiados. *Selo Social*, 2021. Disponível em: http://www.selosocial.com/projeto/5316. Acesso em: 1 mar. 2023.

HUGUENEY, V. Interiorização com emprego garantido: refugiados e migrantes venezuelanos recomeçam a vida em Brasília. *Agência ONU para Refugiados*, 29 set. 2020. Disponível em: https://www.acnur.org/portugues/2020/09/29/interiorizacao-com-emprego-garantido-refugiados-e-migrantes-venezuelanos-recomecam-a-vida-em-brasilia/. Acesso em: 1 mar. 2023.

Capítulo 2

REDAÇÃO. Empresárias brasileiras assumem compromissos durante Fórum Mulheres Líderes. *Portal UOL*, 21 jul. 2014. Disponível em: https://economia.uol.com.br/noticias/pr-newswire/2014/07/21/empresarias-brasileiras-assumem-compromissos-durante-forum-mulheres-lideres.htm. Acesso em: 13 jan. 2023.

REDAÇÃO. Cotas femininas. *Correio Braziliense*, 22 set. 2014. Disponível em: https://www.correiobraziliense.com.br/app/noticia/eu-estudante/tf_carreira/2014/09/22/tf_carreira_interna,448181/cotas-femininas.shtml. Acesso em: 13 jan. 2023.

SALLUM, S. CNI cria Conselho do Fórum Nacional de Mulheres Empreendedoras. *Correio Braziliense*, 27 mai. 2022. Disponível em: https://blogs.correiobraziliense.com.br/capital-sa/2022/05/27/cni-cria-conselho-do-forum-nacional-de-mulheres-empresarias/. Acesso em: 15 jan. 2023.

TOTARO, B. Fundo Dona de Mim: conheça o projeto social e seus impactos. *PME Insights*. Disponível em: https://www.btgmaisbusiness.com/pmeinsights/fundo-dona-de-mim-conheca-o-projeto-social-e-seus-impactos/. Acesso em: 15 jan. 2023.

REDAÇÃO. Anguilla, a estonteante ilha caribenha. *CNN Brasil*, 4 jun. 2019. Disponível em: https://viagemegastronomia.cnnbrasil.com.br/tipos-de-viagem/amigos/anguilla-estonteante-ilha-caribenha/. Acesso em: 16 jan. 2023.

ABFM. Quem Somos. *Associação Brasileira dos Franqueados McDonald's*. Disponível em: http://www.abfm.com.br/abfm.php. Acesso em: 19 jan. 2023.

MULHERES DO BRASIL. Um pouco da nossa história. *Grupo Mulheres do Brasil*. Disponível em: https://www.grupomulheresdobrasil.org.br/. Acesso em: 26 jan. 2023.

REDAÇÃO. Família, amor e um dia mais suave no canteiro de obras. *Agência Brasília*. Disponível em: https://www.agenciabrasilia.df.gov.br/2019/04/05/familia-amor-e-um-dia-mais-suave-no-canteiro-de-obras/. Acesso em: 26 jan. 2023.

FIA. Compliance: entenda o que é, tipos e como aplicar nas empresas. *Fia Business School*. Disponível em: https://fia.com.br/blog/compliance/. Acesso em: 26 jan. 2023.

LEVVO

ATHALAIA GRÁFICA E EDITORA
Papel Cartão Supremo Duo Design - Papel Offset